Scheffer Die Original Bach-Blütentherapie für Einsteiger

Mechthild Scheffer

Die Original Bach-Blüten-Therapie für Einsteiger

Die Blüten - Die Anwendung - Die Wirkung

IRISIANA

IRISIANA

Die Deutsche Bibliothek – CIP-Einheitsaufnahme
Scheffer, Mechthild:
Die Original Bach-Blütentherapie für Einsteiger : die Blüten –
die Anwendung – die Wirkung ; Special: Rescue-Notfalltropfen /
Mechthild Scheffer. – Kreuzlingen ; München : Hugendubel 2002
(Irisiana)
ISBN 3-7205-2330-6

Der Begriff Rescue™ ist ein eingetragenes Warenzeichen.
© Heinrich Hugendubel Verlag, Kreuzlingen/München 2002
Alle Rechte vorbehalten

Umschlaggestaltung: Zembsch'Werkstatt, München
Fotos der Blütenmotive, Umschlagfoto: Andreas Bock, Hamburg
Produktion: Maximiliane Seidl
Satz: EDV-Fotosatz Huber, Verlagsservice G. Pfeifer, Germering
Druck und Bindung: Huber, Dießen
Printed in Germany 2003

ISBN 3-7205-2330-6

Inhalt

Sie interessieren sich jetzt für die Bach-Blüten 8

Die Original Bach-Blütentherapie auf einen Blick ... 11
Der Entdecker 11
Der Hintergrund – das Konzept 12
Die Bach-Blüten-Konzentrate 12
Die Anwendungsgebiete 13
Grenzen der Bach-Blütentherapie 13

Das Bach-Blüten-System 14

Die 38 Bach-Blüten 16

Rescue - Hilfe in seelischen Notfallsituationen 54
Wann verwendet man die Notfall-Tropfen? 56
Rescue-Creme 58
Dosierung und Anwendung der Notfall-Tropfen 58
Wichtige Hinweise 59
Fragen und Antworten zu Rescue 60

So finden Sie die richtigen Bach-Blüten 63
Allgemeine Hinweise 63
Zur Benutzung des Fragebogens 64
Fragebogen 66

Auswertungstabelle 68
Rezeptbausteine für Bach-Blüten-Mischungen –
  »Bach-Blüten-Cluster nach Mechthild Scheffer« 69

Zubereitung, Dosierung, Einnahme 83
Die beiden klassischen Zubereitungsmethoden 83
Hinweise für Dosierung und Einnahme 86
Erstreaktionen 87

Die Bach-Blüten bei Kindern 89
Bach-Blüten für Säuglinge und Kleinkinder 89
Kinder bis zur Vorpubertät 90
Bach-Blüten und Pubertät 93
Fragen und Antworten zur Anwendung bei Kindern 93

Bach-Blütentherapie bei Tieren 95
Anwendung 95
Dosierung und Verabreichung von
  Bach-Blüten bei Tieren 96

Fragen und Antworten zur
Original Bach-Blütentherapie 98
Alkoholgehalt 98
Allergiker 98
Aufhören 98
Behandlung körperlicher Symptome oder Krankheiten ... 99
Einnahme einzelner Blüten 100
Erste Wirkung 100
Gesamtdauer einer Bach-Blütentherapie 101
Gewöhnung 101

Inhalt

Heimliche Verabreichung 101
Kaffee, Alkohol, Nikotin 102
Keine Reaktion 102
Kombination mit anderen Medikamenten 102
Placeboeffekt 103
Richtige Mischungen 103
Standardmischungen 103
Typmittel 104
Umweltverschmutzung 105
Verträglichkeit der Bach-Blüten untereinander 105
Vorbeugende Einnahme 105
Wie viele Blüten 106

Anhang

Zur Autorin 107
Adressen 109
Bezugshinweise 110

Sie interessieren sich jetzt für die Bach-Blüten ...

Dann wissen Sie sicher schon, dass es sich dabei nicht um Blüten handelt, »die am Bach wachsen«; sondern um »Blumen, die durch die Seele heilen«. Bach nannte sie *the happy fellows of the plant world*, die »Frohnaturen der Pflanzenwelt«. Diese fast poetischen Formulierungen und die außerordentlich positiven Wirkungen gut ausgewählter Bach-Blüten-Mischungen haben die Original Bach-Blütentherapie in den vergangenen 20 Jahren enorm bekannt gemacht. Trotzdem hat diese, heute schon als Klassiker zu bezeichnende, komplementäre Heilweise in der Öffentlichkeit immer noch nicht das »Image«, das sie verdient.

Einerseits wird sie als Medizin der Zukunft in Insiderkreisen gefeiert, andererseits als »Hausfrauen-Medizin« milde belächelt. Wie es auch sei: Im Bach-Blüten-Boom haben oberflächliche Information und unqualifizierte Anwendung (und dadurch ausbleibende Erfolge) leider manch ernsthaften Interessierten davon abgehalten, sich mit dem Werk eines der fortschrittlichsten Mediziner des vergangenen Jahrhunderts näher zu beschäftigen.

Dabei bringt es großen persönlichen Gewinn, diese einfache und vollkommen ungefährliche Methode der seelischen Gesundheitsvorsorge, Selbsterfahrung und Heilung kennen zu lernen und anzuwenden.

Unzählige Menschen haben mit Unterstützung der Bach-Blüten aus einer seelischen Sackgasse herausgefunden und den entscheidenden Schritt zu einer konstruktiveren Lebensgestaltung getan.

Wenn Sie gerade als Patient, Klient oder interessierter Laie mit den Bach-Blüten in Berührung gekommen sind, möchte Sie diese knappe, aber präzise **Erstinformation** in die Prinzipien und praktische Anwendung der Original Bach-Blütentherapie einführen. Für das grundsätzliche Erlernen der Original Bach-Blütentherapie bietet Ihnen das **Standardwerk** *Die Original Bach-Blütentherapie, Das gesamte theoretische und praktische Bach-Blütenwissen* (Irisiana, Heinrich Hugendubel Verlag, München) alles, was Sie wissen müssen.

Neben der Übersicht über das gesamte Bach-Blüten-System und den charakteristischen Eigenschaften der 38 Bach-Blüten finden Sie auf den folgenden Seiten eine besonders **ausführliche Information über Rescue, die Notfall-Tropfen**. Sie sind die weltweit bekanntesten »Bach-Blüten« und waren und sind für viele Menschen der Einstieg in die Original Bach-Blütentherapie. Allein die Entdeckung dieser sanften Form der Stressvorbeugung rechtfertigt die weltweite Anerkennung des Werkes von Dr. Edward Bach.

Jeder Anfang beginnt mit Fragen. Die Antworten auf die am häufigsten gestellten Fragen haben wir ab Seite 98 für Sie zusammengestellt. Und schließlich ermöglicht Ihnen der Fragebogen sowie die in jahrzehntelanger Beobachtung von mir entwickelten »**Bach-Blüten-Cluster**« einen ersten **Selbstversuch** mit den Bach-Blüten.

Dabei ist es empfehlenswert, diese Selbstauswahl durch Nachlesen der ausführlichen Blüten-Beschreibungen im Standardwerk abzusichern. Eine andere Möglichkeit wäre, die selbst gewählte erste Bach-Blüten-Mischung mit jemandem zu besprechen, der mehr Erfahrung mit den Bach-Blüten hat.

Je genauer die ausgewählte Bach-Blüten-Mischung für Ihre aktuelle Situation zusammengestellt ist, desto präziser ist die Wirkung. In jedem Fall gewinnen Sie eine wertvolle Erfahrung und kommen einen Schritt weiter.

Unverzichtbar für eine ernsthafte Auseinandersetzung mit der Original Bach-Blütentherapie ist **Bachs kleines Hauptwerk** *Heile Dich selbst* (Irisiana, Heinrich Hugendubel Verlag, München), in dem Bach die Zusammenhänge zwischen der Sinnsuche im Leben, geistigen Missverständnissen, seelischen Negativhaltungen und körperlichen Krankheiten aufzeigt. Seine Thesen werden auch von der neuesten Forschung zunehmend mehr bestätigt.

Fachleute mit Interesse an Fallberichten aus verschiedenen Fachrichtungen der Medizin und Psychologie verweise ich auf das Buch *Original Bach-Blütentherapie, Lehrbuch für die Arzt- und Naturheilpraxis* (Verlag Urban & Fischer, München). Das Buch ist im Institut für Bach-Blütentherapie erhältlich.

Für alle Fragen zu weiterführender Literatur und Ausbildungs-Seminaren: siehe Seite 108 ff.

Ich wünsche Ihnen einen guten Einstieg, viele positive Erkenntnisse und bereichernde Erfahrungen mit der Original Bach-Blütentherapie.

Mechthild Scheffer

Die Original Bach-Blütentherapie auf einen Blick

Der Entdecker

Edward Bach 1886 – 1936
M.B., B.S., D.P.H.,
Immunologe und Bakteriologe

»Krankheit ist weder Grausamkeit noch Strafe, sondern einzig und allein ein Korrektiv, ein Werkzeug, dessen sich unsere Seele bedient, um uns von größeren Fehlern abzuhalten, um uns daran zu hindern, mehr Schaden anzurichten und uns auf den Weg der Wahrheit und des Lichts zurückzubringen, von dem wir nie hätten abkommen sollen.«
Edward Bach in *Heile Dich selbst*

Die Original Bach-Blütentherapie gründet sich auf die Entdeckung des englischen Arztes und Philosophen Dr. Edward Bach und wurde durch Mechthild Scheffer in den vergangenen 25 Jahren systematisch weiter ausgebaut.

Medizin der Zukunft

Edward Bach leistete schon zu Beginn des vorigen Jahrhunderts entscheidende Beiträge zum heutigen Gebiet der Psychosomatik. Von Zeitgenossen als »moderner Paracelsus« oder »der Hahnemann unserer Tage« bezeichnet, sah er sein System als Beitrag zur Medizin der Zukunft, die körperlichen Krankheiten auf seelischer Ebene vorbeugt.

Bachs Anliegen war es, die Angst vor der körperlichen Krankheit abzubauen und ein einfaches System der seelischen Gesundheitsvorsorge zu schaffen, das nicht nur von medizinischen Fachkollegen, sondern **von jedermann gefahrlos zur Selbstbehandlung** eingesetzt werden kann.

Der Hintergrund – das Konzept

Seelische Negativhaltungen können krank machen

Gesund sein heißt im Gleichgewicht sein. Unsere menschliche Natur strebt immer nach Harmonie bzw. ist ständig um Wiederherstellung von Gleichgewicht bemüht. Die Bach-Blütentherapie geht davon aus, dass jedem **körperlichen Ungleichgewicht** (Krankheit) eine **seelische Gleichgewichtsstörung** vorausgeht. Deren Ursachen sind – so Bach – geisitg-seelische Missverständnisse, die zu disharmonischen Seelenzuständen oder Verhaltensmustern führen, wie z.B. Ungeduld, ängstlich sein, zu kritisch sein oder resignieren. Diese Verhaltensmuster werden zu Stolpersteinen bei der eigenen Entfaltung und blockieren den Kontakt zur inneren Stimme, zur eigenen Seelen-Intuition.

Positive Entwicklungsmöglichkeiten werden freigesetzt

Ziel der Bach-Blütentherapie ist es, diesen Kontakt wieder zu aktivieren und dadurch das seelische Gleichgewicht wiederherzustellen.

Körperliche Krankheiten werden nicht direkt behandelt

Die Bach-Blütentherapie behandelt also körperliche Krankheiten nicht direkt. Sie setzt Informationsimpulse auf der Gefühls- und Entscheidungsebene. **Durch Erkenntnis der »geistigen Missverständnisse« und die Einnahme der »reharmonisierenden« Bach-Blüten-Mischung** wird blockierte psychische Energie freigesetzt, die nun wieder für seelische Entfaltungsprozesse und körperliche Heilungsprozesse zur Verfügung steht.

Damit ist die Original Bach-Blütentherapie ein einmaliges Instrument zur seelischen Gesundheitsförderung in jedem Lebensalter.

Die Bach-Blüten-Konzentrate

Bach-Blüten: Seelenhelfer aus der Natur

Die Bach-Blütenkonzentrate sind **38 speziell** (homöopathieähnlich) **aufbereitete Blütenauszüge** von wild wachsenden Pflanzen und Bäumen die in individuell zusammengestellten

»Bach-Blüten-Mischungen« eingenommen werden. **Sie sind nebenwirkungsfrei und vertragen sich mit jeder anderen Form schulmedizinischer und naturheilkundlicher Therapie. Die Original Bach-Blüten** werden größtenteils heute noch an den von Edward Bach festgelegten englischen Fundorten in freier Natur gesammelt. Die Original Bach-Blütentherapie wird heute von unzähligen Menschen in aller Welt zur Selbstbehandlung und in zahlreichen medizinisch oder psychologisch orientierten Praxen und Institutionen eingesetzt.

Die Anwendungsgebiete

a) **Seelische Gesundheitsvorsorge**
   Wunsch nach Bewusstseinsentwicklung, Charakterstärkung, Harmonisierung disharmonischer seelischer Verhaltensmuster, z.B. Eifersucht, Ängstlichkeit, Resignation.
b) **Akutbehandlung psychischer Stresssituationen und Lebenskrisen**
   Z.B. Beziehungskonflikte, Erziehungs- und Schulprobleme, Arbeitsplatzverlust, Midlifecrisis, ggf. ergänzend zu psychotherapeutischen Maßnahmen.
c) **Begleitbehandlung akuter und chronischer Krankheiten**
   (ergänzend zur spezifischen Behandlung durch den Arzt oder Heilpraktiker)
   Besonders bewährt bei Beschwerden mit psychovegetativer Symptomatik: z.B. Schlafstörungen, Neurodermitis, Psoriasis sowie bei (kindlichen) Entwicklungsstörungen, zur Geburtsvorsorge und zur seelischen Nachsorgebehandlung von leichten und schwerwiegenden Operationen bei Krebs, Herzinfarkt u.a.

Man unterscheidet drei Ebenen der Anwendung

Grenzen der Bach-Blütentherapie

Die Bach-Blütenkonzentrate können also zur Vorbeugung gegen körperliche Krankheiten und zur Unterstützung einer fachgerechten medizinischen oder psychologischen Behandlung dienen, diese aber nicht ersetzen.

Das Bach-Blüten-System

I. Ängste

Innere Panik, kopflos:	**Rock Rose**
Vor bestimmten definierbaren Situationen, z.B. Hunde, Fahrstühle etc.:	**Mimulus**
Man steht enorm unter Druck; kann nicht loslassen; fürchtet durchzudrehen:	**Cherry Plum**
Man kann nicht sagen, wovor; vage Ängste; man nimmt Stimmungen auf:	**Aspen**
Man erlebt Ängste um andere Personen, da zu sehr verwoben mit ihnen oder noch nicht abgenabelt:	**Red Chestnut**

II. Verunsicherung

Weil man seiner eigenen Meinung nicht vertraut; braucht die Bestätigung anderer:	**Cerato**
Weil man innerlich immer wieder hin- und herschwankt:	**Scleranthus**
Weil man durch erlittene Enttäuschungen skeptisch und pessimistisch geworden ist:	**Gentian**
Weil man keine klare Zielvorstellung für sein Leben hat, dadurch unzufrieden:	**Wild Oat**
Weil man innerlich schon resigniert hat:	**Gorse**
Weil man glaubt, dass die innere Spannkraft fehlt; man glaubt ohne Stimulantien den Alltag nicht zu meistern:	**Hornbeam**

III. Zu wenig Gegenwartsbewusstsein

Da gedanklich anderweitig beschäftigt; träumerisch:	**Clematis**
Da zu sehr an der Vergangenheit orientiert; entweder wird diese überbewertet und idealisiert oder bestimmte Ereignisse sind noch gar nicht bearbeitet worden:	**Honeysuckle**
Da man nichts vom Leben fordert und sich dem Schicksal ergeben hat; oft nur unterschwellig in bestimmten Lebensbereichen:	**Wild Rose**
Da geistig und körperlich vollkommen verausgabt und überfordert:	**Olive**
Da ständig andere Gedanken im Kopf kreisen, die man nicht abstellen kann:	**White Chestnut**
Da zu naiv, wenig aufmerksam gegenüber tieferen Lebenszusammenhängen; stockende Erfahrungsverarbeitung; Lernprobleme:	**Chestnut Bud**
Da in schwermütiger Traurigkeit befangen, die ohne erkennbare Gründe kommt und geht:	**Mustard**

IV. Innerer Rückzug, Einsamkeitsproblematik, Isolation

Weil man glaubt, mit Schwierigkeiten am besten allein fertig zu werden, den anderen Menschen nicht zu brauchen:	**Water Violet**

Da man ein anderes inneres Tempo hat; es geht alles nicht schnell genug:	**Impatiens**
Einsamkeit wird nicht gut vertragen, deshalb starkes Mitteilungsbedürfnis; oft egozentrisch:	**Heather**

V. Überempfindlichkeit, Abgrenzungsproblematik

Gegenüber allem, was die Harmonie stören könnte, z.B. sorgenvolle Gedanken, Streit; oft Flucht in die Ablenkung (Alkohol, Zigaretten u.Ä.):	**Agrimony**
Gegen Persönlichkeiten mit stärkerer Willenskraft; man wirkt gutmütig, kann nicht ›nein‹ sagen; oft sensitive Persönlichkeiten:	**Centaury**
Labil in phys. und psych. Umwandlungsphasen, z.B. Zahnen, Klimakterium, Umzug, Berufswechsel; das Neue kann noch nicht umgesetzt werden:	**Walnut**
Weil gefühlsmäßig leicht irritierbar; Misstrauen, Eifersucht, Hassgefühle:	**Holly**

VI. Mutlos bis verzweifelt, Defizit- und Grenzgefühle

Weil es an Selbstvertrauen mangelt; Minderwertigkeitsgefühle:	**Larch**
Weil ein falsches Schuldbewusstsein besteht; man sich zu viele Vorwürfe macht oder anhängen lässt:	**Pine**
Weil man wider besseres Wissen zurzeit glaubt, seiner Aufgabe nicht gewachsen zu sein:	**Elm**
Weil man keinen Ausweg mehr sieht und glaubt, dass die Grenze der Belastbarkeit erreicht sei:	**Sweet Chestnut**
Weil man durch unangenehme Vorfälle noch wie betäubt ist oder einen Schock noch nicht verarbeiten konnte; der »Seelentröster«:	**Star of Bethlehem**
Weil man verbittert ist, grollt und sich vom Schicksal ungerecht behandelt fühlt:	**Willow**
Weil man ausdauernd mit allen Schwierigkeiten kämpft und trotzdem immer neue Schwierigkeiten auftauchen:	**Oak**
Weil man glaubt, etwas Unreines an oder in sich zu haben; weil das innere Ordnungsprinzip gestört ist und man dieses schnellstens wieder herstellen möchte:	**Crab Apple**

VII. Übertrieben – man will zu viel

Manipulative Haltung; man glaubt, Einfluss nehmen zu müssen und ist enttäuscht, wenn es nicht anerkannt wird:	**Chicory**
Im Übereifer, sich für eine Idee einzusetzen, treibt man Raubbau mit seinen Kräften; kann nicht aufhören; Missionsdrang:	**Vervain**
Man will seinen Willen um jeden Preis durchsetzen, nimmt auf andere wenig Rücksicht:	**Vine**
Man erkennt schnell die Schwachstellen einer Situation, kann das aber nicht hinnehmen, sondern reagiert sofort mit Kritik:	**Beech**
Man stellt hohe theoretische Anforderungen an sich und ist hart gegen sich selbst:	**Rock Water**

Die 38 Bach-Blüten

1. Agrimony
Die Ehrlichkeitsblüte

Von der Scheinharmonie ...

▼ Seelische Negativhaltung:
Man versucht, quälende Gedanken und innere Unruhe hinter einer Fassade von Fröhlichkeit und Sorglosigkeit zu verbergen.

Da man gern in Frieden und Harmonie lebt, gerät man durch Missstimmung und Streit in seelische Bedrängnis. Um sorgenvolle und quälende Gedanken zu unterdrücken, greift man zu Alkohol, Tabletten, nützt jede Möglichkeit zur Ablenkung.

... zum inneren Frieden

▲ Positive Entwicklungsmöglichkeiten:
Mehr Konfrontationsfähigkeit. Man lernt die Misshelligkeiten des Lebens zu integrieren oder gibt ihnen den richtigen Stellenwert.

Ordermenning – Wächst 30 bis 60 Zentimeter hoch, vorwiegend auf Feldern, Böschungen und Brachland. Blüht zwischen Juni und August mit kleinen gelben Blüten an langen, konisch zulaufenden Blütenähren. Jede Einzelblüte blüht nur drei Tage.

Bewährt *bei sehr höflichen Menschen, die niemandem wehtun wollen.*

2. Aspen
Die Ahnungsblüte

Von dunkler Vorahnung ...

▼ Seelische Negativhaltung:
Man wird von unerklärlichen, vagen Ängsten geplagt, von Vorahnungen oder der geheimen Furcht vor irgendeinem drohenden Unheil.

Man hört das Gras wachsen und hat grundlose Angstzustände beim Alleinsein oder auch unter Menschen.

... zu bewusster Sensibilität

▲ Positive Entwicklungsmöglichkeiten:
Die Fähigkeit, die eigene Sensitivität realistischer einzustufen und besser damit umzugehen.

Espe oder Zitterpappel – Der schlanke, bis zu 10 Meter hohe Baum ist in Nord- und Osteuropa verbreitet und wächst überall in England. Die männlichen, hängenden und die kleineren runden, weiblichen Kätzchen erscheinen im März oder April vor dem Laubausbruch.

Bewährt *bei Kindern, die Angst haben, allein im Dunkeln einzuschlafen.*

3. Beech
Die Toleranzblüte

Vom besser Wissen ...

▼ Seelische Negativhaltung:
Man reagiert überkritisch und intolerant, kann wenig Mitgefühl und Einfühlungsvermögen aufbringen.

Man reagiert deshalb kleinlich, pedantisch, unnachgiebig. Das Maß der Kritikbereitschaft steht meist in keinem Verhältnis zum Anlass. Man isoliert sich durch seine überkritische Haltung von seinen Mitmenschen.

... zum besser Verstehen

▲ Positive Entwicklung:
Tolerante Grundhaltung, geistiger Scharfblick, Verständnis für die unterschiedlichen menschlichen Verhaltensweisen.

Rotbuche – Der bis zu 30 Meter hohe, stolze Baum wurde früher in England »Mutter des Waldes« genannt. Männliche und weibliche Blüten wachsen auf dem gleichen Baum. Sie blühen im April oder Mai, gleichzeitig mit dem Laubausbruch.

Bewährt *bei Kindern, die viel nörgeln und denen man nichts recht machen kann.*

4. Centaury
Die Blüte des Dienens

Vom passiven Dienen …

▼ Seelische Negativhaltung:
Die Schwäche des eigenen Willens führt dazu, dass man nie »nein« sagen kann und dadurch immer wieder ausgenutzt wird.

In dem Bestreben, den Wünschen anderer bis zur Selbstaufgabe nachzugeben, läuft man Gefahr, den eigenen Lebensauftrag zu versäumen.

… zum aktiven Dienen

▲ Positive Entwicklungsmöglichkeiten:
Man lernt es, auch einmal »nein« zu sagen und seine eigenen Bedürfnisse besser zum Ausdruck zu bringen.

Tausendgüldenkraut – Wächst sehr aufrecht auf trockenen Feldern, an Wegrändern und öden Plätzen und wird zwischen fünf und 35 Zentimeter hoch. Die kleinen rosafarbenen Blüten sitzen auf der Spitze der Pflanze. Sie blühen zwischen Juni und August und öffnen sich nur bei gutem Wetter.

Bewährt *bei Menschen, die niemandem etwas abschlagen können.*

5. Cerato
Die Intuitionsblüte

Von Urteilsschwäche ...

▼ Seelische Negativhaltung:
Man hat zu wenig Vertrauen in die eigene Meinung und zu sich selbst.

Ständig befragt man andere um Rat, weil man der eigenen Urteilsfähigkeit misstraut. Nicht selten lässt man sich dadurch gegen die eigene Überzeugung und zum eigenen Nachteil fehlleiten.

... zu innerer Gewissheit

▲ Positive Entwicklungsmöglichkeiten:
Die eigene Intuition erkennen und darauf vertrauen. Sich von seiner inneren Stimme leiten lassen und zu seinen Entscheidungen stehen.

Bleiwurz oder Hornkraut – Diese aus dem Himalaja stammende, etwa 60 Zentimeter hohe Blume wird in englischen Bauerngärten kultiviert. Die etwa einen Zentimeter langen, tubenförmigen blassblauen Blüten werden im August und September gesammelt.

Bewährt bei Schülern, die richtige Antworten wieder streichen und durch falsche ersetzen.

6. Cherry Plum
Die Gelassenheitsblüte

Von der Überspannung ...

▼ Seelische Negativhaltung:
Es fällt schwer, innerlich »loszulassen«, man hat Angst vor seelischen Kurzschlusshandlungen.

Innere Verspannung und Verkrampfung, aber auch unkontrollierte Wutausbrüche. Oft glaubt man, unmittelbar vor einem Nervenzusammenbruch zu stehen.

... zur Entspannung

▲ Positive Entwicklungsmöglichkeiten:
Mut, Kraft, Spontaneität, innere Entkrampfung – mehr Gelassenheit in angespannten Situationen.

Kirschpflaume – Die jungen, dornenlosen Zweige dieses drei bis vier Meter hohen Baumes oder Busches werden in England häufig in Obstplantagen als Windschutz verwendet. Die reinweißen Blüten sind etwas größer als die der Schlehe und des Weißdorns und öffnen sich zwischen Februar und April vor dem Laubausbruch.

Bewährt bei Menschen, die vor Wut auch schon einmal Geschirr zertrümmern.

7. Chestnut Bud
Die Lernblüte

Vom Leichtsinn ...

▼ Seelische Negativhaltung:
Man gerät immer wieder in die gleichen Schwierigkeiten, weil man seine Erfahrungen nicht wirklich verarbeitet und nicht genug daraus lernt.

Sei es aus Interesselosigkeit, Gleichgültigkeit oder innerer Hast – die gleichen Fehler werden immer wieder gemacht. Oft ist man mit seinen Gedanken schon zwei Schritte voraus.

... zur Erfahrung

▲ Positive Entwicklungsmöglichkeiten:
Man lernt es, die täglichen Erfahrungen bewusster zu verarbeiten und konstruktiver umzusetzen.

Knospe der Rosskastanie – Der gleiche Baum wird auch für die White-Chestnut-Essenz verwendet, dort allerdings die Blüten; hier nur die glänzenden Knospen, die unter einer klebrigen Schicht von 14 Häuten Blüte und Blätter zugleich verbergen.

Bewährt *bei Kindern, die immer wieder ihre Schulsachen liegen lassen.*

8. Chicory
Die Beziehungsblüte

Von der fordernden Liebe ...

▼ Seelische Negativhaltung:
Besitz ergreifende Persönlichkeitshaltung, mit der man sich bewusst oder unbewusst überall einmischt und glaubt, die Dinge nach eigenen Vorstellungen organisieren oder lenken zu müssen.

Man neigt dazu, seine Hilfe förmlich aufzudrängen, erwartet dafür aber auch Dankbarkeit. Bleibt diese versagt, flüchtet man sich leicht in Selbstmitleid.

... zur gelassenen Liebe

▲ Positive Entwicklungsmöglichkeiten:
Spontane Gefühlszuwendung zu anderen, ohne ihnen dabei die eigenen Forderungen aufzudrängen.

Wegwarte – Die bis zu 90 Zentimeter hohe, weit verzweigte Pflanze wächst auf kieshaltigen Geröll- und Schotterböden, brachliegenden Feldern und an offenen Wegen. Von den leuchtend blauen, sternförmigen Blüten öffnen sich immer nur einige gleichzeitig. Sie sind sehr empfindlich und verwelken sofort nach dem Abpflücken.

Bewährt *bei Frauen mit Mutterproblemen.*

9. Clematis
Die Realitätsblüte

Von der Realitätsflucht ...

▼ Seelische Negativhaltung:
Man ist mit den Gedanken meist ganz woanders und zeigt wenig Aufmerksamkeit und Anteilnahme für das, was um einen herum vorgeht. Konzentrationsschwäche.

Der Typ des Tagträumers, der sich in der Realität oft nicht zu Hause fühlt. Man wirkt zerstreut, unaufmerksam und geistig weggetreten, vitalitäts- und antriebsarm.

... zur Realitätsgestaltung

▲ Positive Entwicklungsmöglichkeiten:
Man wird realitäts- und gegenwartsbewusster. Man kann seine kreativen Anlagen praktisch umsetzen.

Weiße Waldrebe – Die holzige Kletterpflanze wächst auf kalkhaltigen Böden, in Böschungen, Hecken und Wäldern. Blütezeit von Juli bis September. Die wohlriechenden Blüten haben vier grünlich weiße, rahmfarbige Kelchblätter. Im Herbst werden die Griffel silbrig-fadenförmig, wie das Haar eines Greises.

Bewährt *bei Menschen, denen es schwer fällt, Ordnung zu halten.*

10. Crab Apple
Die Reinigungsblüte

Vom Ordnungsdrang ...

▼ Seelische Negativhaltung:
Man fühlt sich innerlich oder äußerlich beschmutzt, unrein oder infiziert.

Man hat ein überstarkes Reinheits- und Ordnungsideal, nicht nur auf der körperlichen, sondern auch auf der seelisch-geistigen Ebene. Deshalb reagiert man empfindlich gegen jede Form vermeintlicher »Unordnung« in allen Lebensbereichen.

... zur inneren Ordnung

▲ Positive Entwicklungsmöglichkeiten:
Man entwickelt eine positivere Grundeinstellung zur eigenen Körperlichkeit und mehr Sinn für übergeordnete Zusammenhänge.

Holzapfel – Wahrscheinlich ein verwilderter ehemaliger Kulturapfelbaum mit breiter Krone und spornartigen Endzweigen, der maximal zehn Meter hoch wird. Er wächst in Hecken, Dickichten und Waldlichtungen. Die herzförmigen Blütenblätter sind außen kräftig rosa, innen weiß mit einer leicht rosa Tönung. Blütezeit: Mai.

Bewährt *bei Menschen, denen es schwer fällt, Wichtiges von Unwichtigem zu trennen.*

11. Elm
Die Verantwortungsblüte

Ulme – Blüht je nach Wetter zwischen Februar und April in Wäldern und Hecken. Die kleinen, sehr zahlreichen, traubenförmigen Blüten öffnen sich vor dem Laubausbruch. Durch die sogenannte Ulmenkrankheit heute selten geworden.

Von der Selbstwertkrise ...

▼ Seelische Negativhaltung:
Man hat auf einmal das Gefühl, seiner Aufgabe oder Verantwortung nicht mehr gewachsen zu sein.

Von diesem Gefühl, das in der Regel vorübergehender Natur ist, werden vor allem Menschen betroffen, die über einen starken Charakter und einen ausgeprägten Leistungswillen verfügen. Man zweifelt – wider besseres Wissen – an seinen Fähigkeiten.

... zur inneren Zuversicht

▲ Positive Entwicklungsmöglichkeiten:
Man lernt Verantwortlichkeiten und eigene Bedürfnisse realistischer wahrzunehmen und sieht die Probleme wieder in ihren richtigen Proportionen.

Bewährt *bei berufstätigen Müttern.*

12. Gentian
Die Glaubensblüte

Herbstenzian – Die 15 bis 20 Zentimeter hohe Blume wächst auf trockenen, karstigen Weiden, Klippen und Dünen. Die zahlreichen Blüten in Tönen zwischen Blau und Purpur werden zwischen August und Oktober gesammelt.

Vom Zweifel ...

▼ Seelische Negativhaltung:
Skeptisch, zweifelnd, leicht entmutigt – ausgeprägt pessimistische Grundhaltung, die so weit gehen kann, dass man diesen Zustand fast zu genießen scheint.

Alles und jedes wird in Frage gestellt. Mangel an Glauben und Vertrauen.

... zum Vertrauen

▲ Positive Entwicklungsmöglichkeiten:
Eine positivere Erwartungshaltung und die Fähigkeit, mit Konflikten zu leben.

Bewährt *bei Skeptikern, die nicht enttäuscht werden wollen.*

13. Gorse
Die Hoffnungsblüte

Vom Aufgeben ...

▼ Seelische Negativhaltung:
Man ist ohne Hoffnung, hat resigniert, lebt bewusst oder unbewusst in dem Gefühl, es habe doch keinen Zweck mehr.

Man hat es aufgegeben, noch auf Veränderung zu hoffen, besonders bei schon lang anhaltenden chronischen Zuständen oder Krankheiten.

... zum Angehen

▲ Positive Entwicklungsmöglichkeiten:
Man schöpft wieder neue Hoffnung. Man gewinnt eine neue Perspektive zu seiner schwierigen oder scheinbar unabänderlichen Lebenssituation.

Stechginster – Wächst auf steinigen Böden, trockenem Weideland und Heide. Der Stechginster, der das erste strahlende Gelb nach langen Wintertagen bringt, blüht zwischen Februar und Juni.

Bewährt bei Menschen, die als Kind lange krank gewesen sind.

14. Heather
Die Identitätsblüte

Vom bedürftigen Kleinkind ...

▼ Seelische Negativhaltung:
Durch eine starke seelische Bedürftigkeit ist man sehr selbstbezogen und völlig mit sich selbst beschäftigt.

Häufig will man im Mittelpunkt des Interesses stehen, man sucht fast zwanghaft Publikum und lässt auch bei Einzelgesprächen den anderen kaum zu Wort kommen. Unbewusst will man Zuwendung herbeizwingen.

... zum verständnisvollen Erwachsenen

▲ Positive Entwicklungsmöglichkeiten:
Man kann sich von seiner eigenen Problematik lösen und mehr Verständnis und Einfühlungsvermögen für die Umwelt gewinnen.

Schottisches Heidekraut – Nicht zu verwechseln mit der rot blühenden Erika. Sie blüht zwischen Juli und September mit blaurosa, manchmal weißen Blüten auf Heiden, Hochmooren und kahlen offenen Ebenen.

Bewährt *für Menschen, die sich ununterbrochen mit sich selbst beschäftigen.*

15. Holly
Die Herzöffnungsblüte

Von der Hartherzigkeit ...

▼ Seelische Negativhaltung: Gefühlsmäßig irritiert. Man wird von Eifersucht, Misstrauen, Hass- und Neidgefühlen geplagt.

Man fühlt sich leicht – und dabei oft grundlos – gekränkt, verletzt oder beleidigt. Man wittert hinter vielem etwas Negatives und fürchtet ständig, hintergangen zu werden. Es besteht die Bereitschaft, andere leicht und oft auch vorschnell zu verdächtigen und auch Gefühle von Schadenfreude zu entwickeln. Bei Kindern: Jähzorn.

... zur Großherzigkeit

▲ Positive Entwicklungsmöglichkeiten: Man kann seine Gefühle zurücknehmen und entwickelt Großherzigkeit.

Stechpalme – Der Baum oder Strauch mit den glänzenden, immergrünen Blättern und leuchtend roten Beeren gedeiht in Wäldern und an Heckenrainen. Die männlichen und weiblichen Blüten sind weiß, duften leicht und wachsen gewöhnlich auf verschiedenen Pflanzen.

Bewährt *bei Partnerschaftsproblemen.*

16. Honeysuckle
Die Vergangenheitsblüte

Vom Damals ...

▼ Seelische Negativhaltung:
Man weigert sich bewusst oder unbewusst, bestimmte Ereignisse seiner Vergangenheit zu »verarbeiten«.

Wehmutsgefühle oder Sehnsucht nach Vergangenem. Man hat Mühe mit der Gegenwart. Oft fällt es schwer, sich innerlich von vergangenen Ereignissen oder Beziehungen zu lösen.

... zum Jetzt

▲ Positive Entwicklungsmöglichkeiten:
Man bewahrt sich ein lebendiges Verhältnis zur Vergangenheit, lebt aber ganz in der Gegenwart.

Geißblatt – Die kräftige, wohlriechende Kletterpflanze wächst in Wäldern, an Waldrändern und auf Heideböden. Die Blütenblätter, die ursprünglich außen rot und innen weiß sind, färben sich bei der Bestäubung gelb. Die Pflanze ist seltener als der gelbe Jelängerjelieber und blüht zwischen Juli und August.

Bewährt bei Heimweh und wenn es einem schwer fällt, sich von Dingen zu trennen, die man nicht mehr braucht.

17. Hornbeam
Die Spannkraftblüte

Von seelischer Schlaffheit ...

▼ Seelische Negativhaltung: »Montagmorgen-Gefühl«. Man fühlt sich in einem Zustand mentaler Erschöpfung. Ernsthaft zweifelt man morgens daran, ob man überhaupt noch die Kraft aufbringt, die täglichen Pflichten zu bewältigen, aber irgendwie schafft man es dann doch immer.

... zu geistiger Frische

▲ Positive Entwicklungsmöglichkeiten: Man findet zu seinem natürlichen Lebensrhythmus (Spannung – Entspannung), gewinnt seelische Spannkraft und geistige Frische.

Weißbuche oder Hainbuche – Dieser der Rotbuche ähnliche, aber kleinere und grünere Baum wächst einzeln oder gruppenweise in Hoch- und Niederwäldern. Die hängenden, männlichen und aufrecht wachsenden, weiblichen Blüten öffnen sich im April oder Mai.

Bewährt bei Menschen, die glauben, ohne Kaffe/Tee/Zigaretten morgens nicht in Gang zu kommen.

18. Impatiens
Die Zeitblüte

Von der Ungeduld ...

▼ Seelische Negativhaltung:
Man ist ungeduldig, leicht gereizt und vermag überschießende Reaktionen nicht zu unterdrücken.

Die starke innere Motorik bringt einen von selbst dazu, in allem, was man tut, ein hohes Tempo anzuschlagen. Man gehört zu den Menschen, denen nichts schnell genug geht. Nervöses Wippen, Fingertrommeln, Heißhunger-Anfälle.

... zur Geduld

▲ Positive Entwicklungsmöglichkeiten: Geduld und Verständnis für andere Menschentypen. Kooperativer Einsatz der eigenen überdurchschnittlichen Fähigkeiten zum Nutzen des Ganzen.

Drüsen tragendes Springkraut – Die saftige, bis 180 Zentimeter hohe Pflanze wächst an Flüssen, Kanalbänken und auf anderen tief liegenden, feuchten Böden. Sie blüht zwischen Juli und September in einem blassen oder rötlichen Mauve-Ton.

Bewährt *bei Menschen, die immer »unter Zeitdruck« stehen.*

19. Larch
Die Selbstvertrauensblüte

Von der Selbstbegrenzung ...

▼ Seelische Negativhaltung:
Man hat Minderwertigkeitsgefühle. Es fehlt das Selbstvertrauen.

... zur Selbstentfaltung

▲ Positive Entwicklungsmöglichkeiten:
Selbstvertrauen, das in einem gesunden Selbstwertgefühl sein sicheres Fundament hat.

Lärche – Der bis zu 30 Meter hoch aufragende, lichte Baum wächst am liebsten auf Hügeln und an Waldrändern. Die männlichen und weiblichen Blüten wachsen auf dem gleichen Gehölz. Sie öffnen sich gleichzeitig, wenn die Nadeln als winzige hellgrüne Tuffs sichtbar werden.

Bewährt *bei Kindern, die immer sagen: »Das kann ich nicht.«*

20. Mimulus
Die Tapferkeitsblüte

Von der Angst vor der Welt ...

▼ Seelische Negativhaltung:
Man ist scheu und schüchtern und hat viele kleine Ängstlichkeiten.

Man lebt in einer Welt voller Ängste und schiebt darum vieles vor sich her. Man hat z.B. Angst davor, allein zu sein, aber man fürchtet auch Gesellschaft und Geselligkeit, in der man sich eingeschüchtert und nervös fühlt. Angst vor Dunkelheit oder Krankheit, Angst vorm Fliegen oder Fahrstuhlfahren, vor dem Zahnarzt, Angst vor Hunden oder Mäusen, Platz-Angst, Schwellen-Angst usw.

... zum Vertrauen in die Welt

▲ Positive Entwicklungsmöglichkeiten:
Man lernt, mit der eigenen Sensibilität besser umzugehen, und findet zu persönlicher Tapferkeit, mit der man über seine Ängste hinauswächst.

Gefleckte Gauklerblume – Die etwa 30 Zentimeter hohe, in England eingebürgerte Pflanze mit ihren großen gelben Einzelblüten gedeiht an Wasserläufen, Bächen und auf feuchten Plätzen.

Bewährt *bei Menschen, die immer vor irgendetwas ein bisschen Angst haben.*

21. Mustard
Die Lichtblüte

Vom Seelenschmerz ...

▼ Seelische Negativhaltung:
Man erlebt und durchleidet plötzlich auftretende Perioden tiefer Traurigkeit und Schwermut. Man findet keine Ursache und keine Begründung für diese bedrückenden melancholischen Gemütsphasen, die ohne erkennbaren Grund kommen und auch wieder gehen.

... zur Seelengröße

▲ Positive Entwicklungsmöglichkeiten:
Man geht mit heiterer Gelassenheit und gefestigter innerer Stabilität durch helle und dunkle Tage.

Wilder Senf – Die 30 bis 60 Zentimeter hohe, aufrechte Pflanze wächst in Feldern und an Wegrändern. Ihre leuchtend gelben Blüten sind zunächst doldenförmig und entwickeln sich schnell zu länglichen Samenschoten. Blütezeit Mai bis Juli.

Bewährt *wenn man grundlos »in ein Loch« gefallen ist.*

22. Oak
Die Ausdauerblüte

Vom Pflichtkämpfer ...

▼ Seelische Negativhaltung:
Man fühlt sich als erschöpfter Kämpfer, der aber trotz aller Widerstände tapfer weitermacht und nie aufgibt.

Pflichttreue und Zuverlässigkeit werden als selbstverständlich empfunden und so klagt man nie, auch wenn man völlig ausgelaugt und am Rande seiner Kräfte ist. Andere bewundern das große Durchhaltevermögen.

... zum friedvollen Krieger

▲ Positive Entwicklungsmöglichkeiten:
Man lernt bei aller Pflichttreue und Einsatzbereitschaft die eigene Leistungsgrenze erkennen.

Eiche – Die Eiche, einer der heiligen Bäume unserer Vorfahren, wächst in Wäldern, Hainen und auf Wiesen. Sie blüht Ende April oder Anfang Mai. Die männlichen und weiblichen Blüten sind auf dem gleichen Baum.

Bewährt *für Workaholics.*

23. Olive
Die Regenerationsblüte

Von der Erschöpfung ...

▼ Seelische Negativhaltung:
Man fühlt sich körperlich und seelisch total ausgebrannt und völlig erschöpft. Alles ist zu viel.

Man hat nur noch einen Wunsch: völlig abschalten und selbst von den kleinsten Aufgaben und Pflichten verschont zu bleiben. Oft nach Phasen schwerer geistiger, körperlicher oder auch seelischer Überforderung.

... zur Kraftquelle

▲ Positive Entwicklungsmöglichkeiten:
Sorgfältigeres Umgehen mit der eigenen Lebensenergie. Stärkung, Erholung.

Olive – Der mediterrane immergrüne Olivenbaum blüht je nach Land in verschiedenen Frühlingsmonaten. Jeder Blütenstand trägt 20 bis 30 unauffällige weiße Blüten.

Bewährt wenn Kinder mehr Schlaf als gewöhnlich brauchen.

24. Pine
Die Selbstakzeptanzblüte

Von der Selbstentwertung ...

▼ Seelische Negativhaltung:
Man macht sich Selbstvorwürfe und hat Schuldgefühle.

Es ist ein bedrückendes Lebensgefühl, das auf einem lastet: Ständig fühlt man sich bemüßigt, sich selbst Fehler anzulasten oder sich dafür vor anderen rechtfertigen oder entschuldigen zu müssen.

... zum Selbstrespekt

▲ Positive Entwicklungsmöglichkeiten:
Man entwickelt ein realistisches Gefühl für Eigen- und Fremd-Verantwortlichkeiten. Man lernt gemachte Fehler einzugestehen, ohne sich dafür zu verdammen oder zu entwerten.

Schottische Kiefer – Der bis zu 30 Meter hohe, schlanke Baum mit unten braunroter und weiter oben orangebrauner Rinde wächst in Wäldern und auf sandigen Heideböden. Die männlichen Blüten sind reichlich mit gelben Pollen bedeckt.

Bewährt für Menschen, denen es schwer fällt, Geschenke anzunehmen.

25. Red Chestnut
Die Abnabelungsblüte

Von der Symbiose ...

▼ Seelische Negativhaltung:
Man macht sich mehr Sorgen um das Wohlergehen anderer Menschen als um das eigene. Zu starke innere Verbundenheit (bewusst oder unbewusst) mit einer nahe stehenden Person auf seelischer oder physischer Ebene.

Diese symbiotische Verbundenheit kann für beide Teile zur Last werden.

... zur Eigenständigkeit

▲ Positive Entwicklungsmöglichkeiten:
Wahrung und Abgrenzung der eigenen Persönlichkeit.

Rote Kastanie – Zierlicher und weniger robust als die weiße Rosskastanie, findet man diesen Baum häufig in Alleen. Er blüht im späten Mai oder Anfang Juni mit kräftig rosaroten Blüten auf großen pyramidenförmigen Blütenständen.

Bewährt wenn man zu sehr mitfühlt und mitleidet.

26. Rock Rose
Die Eskalationsblüte

Von der Panik ...

▼ Seelische Negativhaltung:
Man gerät leicht in innere Panik und wird von schwersten Angstgefühlen überrannt.

Ängste, die »in jeder Zelle pochen«, mit Herzklopfen, feuchten Händen, Kopflosigkeit o.Ä. Bei geringsten Anlässen oder in lebensbedrohenden Situationen, wie z.B. Autounfall, Gewitter, Hochwasser u.Ä.

... zum Heldenmut

▲ Positive Entwicklungsmöglichkeiten:
Mehr Gelassenheit in Krisensituationen. Besseres Umgehen mit der eigenen nervlichen Veranlagung.

Gelbes Sonnenröschen – Rankt als buschige, vielzweigige Pflanze auf Kalkstein, kiesigem Boden und grasbedecktem Kreidekalk-Hügelland. Die strahlend gelben Blumen blühen zwischen Juni und September, meist nur ein bis zwei Blüten zur gleichen Zeit.

Bewährt *bei Kindern, die leicht Herzklopfen und feuchte Hände bekommen.*

27. Rock Water
Die Flexibilitätsblüte

Vom Disziplin-Dogma ...

▼ Seelische Negativhaltung:
Man ist sehr streng gegen sich selbst, hat fixierte Ansichten und unterdrückt dabei seine vitalen Bedürfnisse, z.B. Hunger, Schlaf, Ruhe, Bewegungsdrang.

Man tut alles, um den selbst gesetzten hohen und dabei oft überperfekten Maßstäben in eiserner Selbstdisziplin zu genügen. Dabei geht Lebensfreude verloren.

... zur Achtsamkeit

▲ Positive Entwicklungsmöglichkeiten:
Man löst sich von seinen starken inneren Fixierungen und gesteht sich die eigenen vitalen (natürlichen) Bedürfnisse zu.

Wasser aus heilkräftigen Quellen – Keine Pflanze, sondern präpariertes Wasser aus nicht kultivierten Quellen in unberührter Natur, denen die Bewohner der Umgebung seit Menschengedenken eine heilkräftige Wirkung nachsagen. Man findet solche Quellen, die zwischen Bäumen und Gräsern nur dem freien Spiel von Sonne und Wind ausgesetzt sind, heute noch in vielen Teilen Englands.

Bewährt *für* »Fitness-Extremisten«.

28. Scleranthus
Die Balanceblüte

Von der inneren Zerrissenheit ...

▼ Seelische Negativhaltung:
Die innere Balance fehlt. Man ist innerlich unausgeglichen, unschlüssig und sprunghaft – Stimmung und Meinung wechseln von einem Moment zum anderen.

Man ist zwischen zwei Möglichkeiten hin- und hergerissen und vermag sich nicht zu entscheiden. Gleichgewichtsstörungen seelisch und körperlich.

... zum inneren Gleichgewicht

▲ Positive Entwicklungsmöglichkeiten:
Innere Ausgeglichenheit und sichere Entscheidungskraft.

Einjähriger Knäuel – Die fünf bis sieben Zentimeter hohe, buschige oder kriechende Pflanze mit ihrem vielfältig verflochtenen Stängel wächst in Weizenfeldern, auf Sand- und Kiesböden. Sie blüht von Juli bis September mit kleinen blassgrünen oder dunkelgrünen Blütenbüscheln.

Bewährt *für Menschen, die empfindlich auf Wetterwechsel reagieren.*

29. Star of Bethlehem
Die Trostblüte

Vom Schock ...

▼ Seelische Negativhaltung:
Man hat eine seelische oder körperliche Erschütterung noch nicht verkraftet und innerlich verarbeitet.

Man leidet unter den Nachwirkungen eines Schockerlebnisses, selbst wenn dieses schon lange zurückliegen mag. So lebt man zwar ohne Angst, aber dennoch eingeschlossen und bedrückt von seinem stillen Kummer.

... zur Reorientierung

▲ Positive Entwicklungsmöglichkeiten: Leichtere Erlebnisverarbeitung. Seelische Kraft.

Doldiger Milchstern – Die der Zwiebel und dem Knoblauch verwandte, 15 bis 30 Zentimeter hohe Blume mit den schlanken, in der Mitte von einem weißen Streifen geteilten Blättern findet man in Wäldern und auf Feldern. Die außen grün gestreiften und innen reinweißen Blüten öffnen sich im April und Mai nur bei Sonnenschein.

Bewährt wenn man eine Operation mit starker Narkose hinter sich hat.

30. Sweet Chestnut
Die Erlösungsblüte

Durch die Nacht ...

▼ Seelische Negativhaltung:
Der Zustand innerer Ausweglosigkeit. Man glaubt, dass die Grenze dessen, was man ertragen kann, nun erreicht ist.

Man fühlt sich innerlich völlig verloren, total isoliert – oft in schweren Lebenskrisen, in denen es auf des Messers Schneide steht und man nicht mehr weiß, was man noch tun soll.

... zum Licht

▲ Positive Entwicklungsmöglichkeiten:
Nach der Erfahrung der Verlorenheit findet man wieder zu sich und entwickelt eine innere Bereitschaft zur seelischen Wandlung.

Esskastanie oder Edelkastanie – Wächst in offenen Wäldern, auf lockeren, mäßig feuchten Böden bis zu 20 Meter hoch. Die kätzchenartigen, stark duftenden Blüten erscheinen erst nach dem Laubausbruch zwischen Juni und August, also später als bei den meisten anderen Bäumen.

Bewährt *im Höhepunkt einer Krisensituation.*

31. Vervain
Die Begeisterungsblüte

Vom Weltverbesserer ...

▼ Seelische Negativhaltung:
Im Übereifer, sich für eine gute Sache einzusetzen, treibt man Raubbau mit seinen Kräften.

Am liebsten möchte man alles hundertfünfzigprozentig machen und so geht man mit größter Intensität und Konzentration an eine Sache heran und überschüttet andere geradezu mit seiner Energie. Man übertreibt leicht, steht deshalb unter starker Spannung; wirkt auf andere bisweilen fanatisch.

... zum Fackelträger

▲ Positive Entwicklungsmöglichkeiten:
Man lernt, seine positive Energie gezielter und ökonomischer für eine lohnende Aufgabe einzusetzen.

Eisenkraut – Die bis zu 60 Zentimeter hohe, robuste aufrechte Pflanze wächst an Wegrändern, auf kahlen, trockenen Böden und sonnigen Weiden. Die kleinen lila- oder mauvefarbigen Blüten öffnen sich zwischen Juli und September.

Bewährt wenn man nicht aufhören kann zu essen.

32. Vine
Die Autoritätsblüte

Führen ...

▼ Seelische Negativhaltung:
Man will unbedingt seinen Willen durchsetzen, hat Probleme mit Macht und Autorität.

Als starke Persönlichkeit ist man ehrgeizig und selbstsicher. Man verlangt innerlich, dass sich andere den eigenen Zielen unterordnen.

... und sich führen lassen

▲ Positive Entwicklungsmöglichkeiten: innere Großmut auf der Basis natürlicher Autorität. Unterscheidung zwischen gesundem und ungesundem Ehrgeiz.

Weinrebe – Die 15 Meter und weiter rankende Pflanze gedeiht in wärmeren Ländern. Ihre kleinen grünen, duftenden Blüten wachsen in dichten Trauben. Ihre Blütezeit variiert je nach Klima.

Bewährt *bei Machtproblemen und bei Menschen, die immer das letzte Wort haben müssen.*

33. Walnut
Die Verwirklichungsblüte

Von Beeinflussbarkeit ...

▼ Seelische Negativhaltung:
In einer Phase des inneren Neubeginns oder einer einschneidenden Veränderung der Lebensumstände (beispielsweise Berufswechsel, Umzug, Scheidung, Pensionierung) lässt man sich verunsichern und wird wankelmütig.

Normalerweise weiß man genau, was man will, aber das anstehende und noch weitgehend unbekannte Neue hat die eigene Sensibilität und Labilität deutlich erhöht. Auch in körperlichen Neubeginnphasen: Menopause; Zahndurchbruch usw.

... zu innerer Festigkeit

▲ Positive Entwicklungsmöglichkeiten:
Man lernt, seiner inneren Stimme zu folgen und sich selbst treu zu bleiben.

Walnuss – Der bis zu 30 Meter hohe Baum gedeiht geschützt an Hecken und in Obstgärten. Die zahlreichen männlichen und selteneren weiblichen Blüten grünlicher Farbe wachsen auf dem gleichen Baum. Sie blühen im April oder Mai, kurz vor oder gleichzeitig mit dem Laubausbruch.

Bewährt wenn Kinder neue Zähne bekommen.

34. Water Violet
Die Kommunikationsblüte

Sumpfwasserfeder – Sie gehört zur Primelfamilie und blüht im Mai und Juni in langsam fließenden oder stehenden Gewässern, Weihern oder Gräben. Die blaßlila Blüten mit dem gelben Zentrum sind spiralförmig um den blattlosen Stengel geordnet. Die federartigen Blätter bleiben unter der Wasseroberfläche.

Von der Isolation ...

▼ Seelische Negativhaltung:
Man zieht sich innerlich zurück; isoliertes Überlegenheitsgefühl.

Man steht gewissermaßen »außen vor« und wird – ungerechtfertigterweise – leicht als eingebildet angesehen. Persönliche Probleme macht man am liebsten mit sich selbst ab und zieht sich gern zurück.

... zum Miteinander

▲ Positive Entwicklungsmöglichkeiten:
Man entwickelt ein offeneres und aufgeschlosseneres Verhältnis zu seinen Mitmenschen.

Bewährt wenn man Probleme mit smalltalk hat.

35. White Chestnut
Die Gedankenblüte

Vom Mentalkarussell ...

▼ Seelische Negativhaltung:
Bestimmte Gedanken kreisen unaufhörlich im Kopf, man kann sie einfach nicht abstellen. Dazu führt man innere Selbstgespräche und Dialoge.

Es kann ein bestimmtes Ereignis sein, das einen nicht wieder loslässt, eine Auseinandersetzung beispielsweise, bei der man immer wieder nachdenkt: »was man hätte sagen sollen«.

... zur inneren Ruhe

▲ Positive Entwicklungsmöglichkeiten:
Geistige Ruhe und gedankliche Klarheit.

Rosskastanie oder Weiße Kastanie – Blüht Ende Mai oder Anfang Juni. Die oberen Blüten des Baumes sind meistens männlich, die unteren weiblich. Ihre Farbe ist zunächst gelblich weiß, später kommen rötliche Flecken hinzu.

Bewährt bei Konzentrationsproblemen, wenn man zu viele Gedanken im Kopf hat.

36. Wild Oat
Die Berufungsblüte

Vom Suchen …

▼ Seelische Negativhaltung:
Man ist innerlich unzufrieden, weil man keine klaren Zielvorstellungen hat und es einem bisher noch nicht gelungen ist, seine eigentliche Lebensaufgabe zu erkennen.

Soviel man auch probiert, nirgends findet man wirkliche dauerhafte Befriedigung. So ist man trotz seiner mannigfaltigen Talente und Erfolge innerlich zersplittert, frustriert oder gelangweilt.

… zum Finden

▲ Positive Entwicklungsmöglichkeiten:
Klare Zielvorstellungen gewinnen und hierfür das volle Potenzial seiner Möglichkeiten einsetzen.

Waldtrespe – Das 60 bis 120 Zentimeter hohe, in England stark verbreitete Hafergras wächst in feuchten Wäldern, in dichtem Gebüsch und an Wegrändern. Die doppelgeschlechtlichen Blüten befinden sich versteckt in den Rispen.

Bewährt *bei Jugendlichen, die nicht wissen, was sie werden wollen.*

37. Wild Rose
Die Blüte der Lebenslust

Vom Sich-Aufgeben ...

▼ Seelische Negativhaltung:
Man befindet sich in einem bestimmten Lebensbereich bewusst oder unbewusst in einem Zustand von Apathie, innerer Teilnahmslosigkeit und völliger Resignation. Man hat sich schon mit etwas abgefunden, innerlich kapituliert.

Obwohl die äußeren Lebensumstände gar nicht so negativ oder hoffnungslos sind, fehlt jede innere Motivation.

... zur Hingabe

▲ Positive Entwicklungsmöglichkeiten:
Neue positive Lebensmotivation, aus der heraus ein neues vitales Interesse am Leben erwächst.

Heckenrose – Die Stammart vieler Zuchtrosen wächst an sonnigen Waldrändern, Hecken und steinigen Abhängen. Die weißen, hellrosa oder tiefrosa Blüten öffnen sich mit fünf großen kernförmigen Blütenblättern einzeln oder in Dreiergruppen zwischen Juni und August.

Bewährt *bei alten Menschen, die immer kraftloser werden.*

38. Willow
Die Schicksalsblüte

Von Schicksalsgroll ...

▼ Seelische Negativhaltung:
Man fühlt sich den Umständen machtlos ausgeliefert, ist verbittert und sieht sich als Opfer des Schicksals.

Man grollt und missgönnt anderen ihr vermeintlich besseres Schicksal.

... zur Selbstverantwortung

▲ Positive Entwicklungsmöglichkeiten:
Eine konstruktive Grundhaltung, mit der man die volle Selbstverantwortung für sein Leben übernimmt und versucht, vom »Opfer« zum »Meister« seines Schicksals zu werden.

Gelbe Weide – Unter den vielen Weidenarten ist diese leicht daran zu erkennen, daß sich ihre Äste im Winter leuchtend goldorange verfärben. Sie wächst in feuchtem, tief liegendem Gelände. Die männlichen und weiblichen Blüten wachsen auf getrennten Bäumen.

Bewährt *in belastenden Umständen, an denen man zurzeit nichts ändern kann.*

Rescue
Hilfe in seelischen Notfallsituationen

Rescue ist die bekannteste »Bach-Blüte«

Von allen Bach-Blüten-Essenzen ist diese Kombination die bekannteste und am weitesten verbreitet. Mit ihr rettete Bach 1930 einem Fischer das Leben. Seither hat Rescue unzähligen Menschen auf der Welt in Not- oder Stresssituationen sofort spürbare Entspannung und Zuversicht gebracht, oft auch indirekt das Leben gerettet. Immer mehr Rettungsmannschaften haben es in Ihrer Standardausrüstung.

Rescue wirkt bei jedem Persönlichkeitstyp. Denn mit dieser Blütenzusammenstellung erfasste Bach ein übergeordnetes archetypisches menschliches Reaktionsmuster. Etwas, was jeder Mensch durchmacht, wenn ihn ein Ereignis so überfordert, dass seine Seele-Geist-Körper-Integration gefährdet wird.

Auch hier war Bach seiner Zeit voraus und nahm die Ergebnisse der heutigen Stressforschung vorweg. Als Reaktion in einer Ausnahmesituation erkannte er das Zusammenspiel der folgenden fünf Verhaltensmuster:

Star of Bethlehem:	Schreck und Betäubung – Totstellreflex
Rock Rose:	Terror und Panikgefühle, nervliche Überreaktion
Impatiens:	mentaler Stress und Spannung, überschießende Handlungsimpulse
Cherry Plum:	Angst, die Kontrolle zu verlieren
Clematis:	die Tendenz »abzutreten«, das Gefühl, »weit weg zu sein«, das oft vor einer Bewusstlosigkeit auftritt.

Die Einnahme von Rescue sorgt innerhalb von etwa einer Minute für eine sofortige Aktivierung der körperlichen Selbstheilungsmechanismen. Es bewirkt eine emotionale Stabilisierung, eine seelisch-körperliche Entspannung und schafft daher die besten Voraussetzungen für eine eventuell nötig werdende körperliche Behandlung. **Rescue ersetzt jedoch keine medizinische Notfallbehandlung.**

Rescue hilft schnell in seelischen Notfallsituationen.

Die Worte Notfall oder Schock sind in diesem Zusammenhang umfassender zu verstehen als die gleichlautenden medizinischen Begriffe. **Im Vordergrund steht hier die seelische Notfallsituation.** »Shocking« ist im Englischen alles, was unser energetisches System erschüttert. Es gibt Menschen, die bereits durch ein lautes Türknallen oder das Lesen eines unfreundlichen Briefes aus dem Gleichgewicht geraten. Andere sind »erst« nach einem Sturz im Treppenhaus oder einem Autounfall erschüttert.

Wann verwendet man die Notfall-Tropfen?

Seelische Ausnahmesituationen: Bei jedem Menschen anders

I. **Wenn man seelisch durcheinander ist,** z. B.
- nach einem Familienkrach
- vor einer persönlichen Auseinandersetzung
- nach Erhalt eines enttäuschenden Briefes
- nach einer Operation

II. **Wenn einem etwas Unangenehmes bevorsteht,** z. B.
- ein Bewerbungsgespräch
- ein öffentlicher Auftritt
- eine Premiere
- eine Gerichtsverhandlung
- eine Beerdigung
- ein schmerzlicher Abschied
- ein operativer Eingriff
- ein Arztbesuch
- bei Angst vorm Fliegen

III. **Wenn man einen »Schreck« bekommen hat,** z. B.
- nach einem Verkehrsunfall
- nach einem Unfall im Haushalt, Verletzungen beim Heimwerken
- nach Insektenstichen oder Hundebissen
- nach Sonnenbrand
- nach Sportunfällen
- nach Prellungen, Verstauchungen, Schürfungen
- nach Verbrennungen
- im Erstickungsanfall, allergischen Anfall, nach Herzanfall u.Ä.

IV. **Wenn man in einer stressgeladenen Atmosphäre arbeiten muss,** z. B.
- mit sehr vielen Menschen wie am Check-In-Schalter eines Flughafens
- unter hohem Zeitdruck z. B. in einem Rettungsteam

V. Mit viel Erfolg wird Rescue auch zur Behandlung von **Tieren** und **Pflanzen** eingesetzt.

Bei Unfällen und plötzlichen Krankheiten helfen die Notfall-Tropfen sowohl den »Opfern« als auch denen, die »nur« Zuschauer oder Pflegepersonen sind. Es ist für den Kranken unbewusst eine große Beruhigung, wenn er fühlt, dass die Menschen um ihn herum gefasst, vertrauensvoll und frei von übergroßer Angst sind. Sein Heilungsprozess wird dadurch unterstützt.

Entspannt können Sie anderen besser helfen.

TIPP

Notfall-Tropfen und – Creme gehören in die »Autoapotheke«, in den Rucksack bei Wanderungen oder Radausflügen und in die Handtasche, wenn man unterwegs ist. Dann sind sie in plötzlich auftretenden Situationen greifbar, damit man sich und anderen unmittelbar helfen kann.

Mit Rescue-Tropfen lassen sich Periodenschmerzen, Gallenkoliken, Absencen, epileptische Anfälle, Migräneanfälle u.Ä. verhindern, **wenn sie rechtzeitig in der psychischen Vorlaufphase, also beim Auftreten der ersten »Gefühlssignale«, eingenommen werden. Später, wenn die körperlichen Symptome schon ablaufen, kann Rescue nichts mehr dagegen ausrichten**. Es kann dann nur noch helfen, das körperliche Geschehen mit mehr seelischem Abstand zu ertragen.

Physischen Symptomen vorbeugen mit Rescue?

Rescue-Creme

Für kleine körperliche Schocks wie Verbrennungen, Verstauchungen, Schnitte und plötzliche Hautausschläge wird Rescue auch als Salbe hergestellt. Diese hat sich auch bei der Narbenbehandlung und beim Wundliegen (Dekubitus) bettlägeriger Menschen bewährt. Rescue-Creme ist auch eine gute Massagehilfe (vor dem Gleitmittel auftragen) und kann vorbeugend gegen Hautirritationen durch Sport und andere körperliche Aktivitäten benutzt werden.

Die Creme enthält außer den fünf Rescue-Blüten zusätzlich Crab Apple, die Reinigungsblüte.

Wie wendet man Rescue-Creme an?

Rescue-Creme wird wie jede andere Salbe dünn auf die betroffenen Stellen aufgetragen.

In vielen Fällen setzt die sofortige Anwendung der Creme eine unerwartet schnelle Heilung in Gang. Zeigen sich nach einem bis zwei Tagen hingegen keine Zeichen von Veränderung, so ist die Salbe in diesem Fall nicht das geeignete Mittel.

Dosierung und Anwendung der Notfall-Tropfen

Die Wasserglasmethode

- Die Dosierung von Rescue richtet sich individuell nach Fall und Situation.
  In akuten Fällen gibt man **vier Tropfen direkt aus dem Konzentratfläschchen in ein Glas Wasser** und trinkt diese Mischung **in kleinen Schlucken** über einen Zeitraum von ca. 15 Minuten verteilt bzw. so lange, bis der harmonisierungsbedürftige Zustand abklingt. Wenn nötig, ein zweites Glas zubereiten.

Unverdünnte Einnahme

- In Situationen, in denen kein Wasser verfügbar ist, kann man Rescue auch **direkt aus dem Konzentratfläschchen auf die Lippen, Schläfen oder in die Ellenbeugen** träufeln.

Die Einnahmeflasche

- Bei Anwendung von Rescue **über einen längeren Zeitraum** bei krisenhafter Dauerbelastung (z.B. Pflege eines Schwerkranken) empfiehlt sich die Herstellung einer **Einnah-**

meflasche: In ein Medizinfläschchen mit Tropfpipette oder Tropfvorrichtung (in Apotheken erhältlich), das zu ca. 75 Prozent mit Wasser und zu 25 Prozent mit Alkohol gefüllt wurde, geben Sie aus der Konzentratflasche zwei Tropfen pro zehn Milliliter Alkohol-Wasser-Gemisch.

- Rescue kann auch **äußerlich** angewendet werden in Form von Umschlägen, Wickeln, Kompressen u.Ä. Dazu geben Sie vier Tropfen aus der Konzentratflasche auf $^1/_2$ Liter Wasser.

    Die äußerliche Anwendung

- Zur Behandlung von Tieren s. Kapitel »Bach-Blütentherapie bei Tieren«.

    Tiere

- Bei »Schocks«, die unsere **Pflanzen** erleiden, hat Rescue ein weites Einsatzfeld: Nach dem Umtopfen, Versetzen von Stecklingen, Frost- und Ungeziefereinwirkung gibt man drei bis vier Tropfen aus der Konzentratflasche in das Gießwasser. Damit gießt man zwei bis drei Tage lang oder besprüht die Blätter damit.

    Pflanzen

Wichtige Hinweise

- **Rescue ersetzt keine Bach-Blütentherapie, sondern ist bestenfalls eine Vorstufe dazu**. Menschen, die immer wieder zu den Notfall-Tropfen greifen, sollten sich mit den fünf einzelnen Blütenkonzepten tiefer beschäftigen. Sicher gehören zwei oder drei davon zu ihren persönlichen Basismitteln, die besser in individuelle Mischungen eingebaut werden sollten.

    Immer wiederkehrende seelische Notfallsituationen sind Signale, mit denen Sie sich gründlicher auseinander setzen sollten.

- Manche Menschen brauchen sie öfter, andere seltener. Was für den einen nur eine lästige Angelegenheit ist, z.B. ein Zahnarztbesuch, kann beim anderen durchaus einen Angstanfall auslösen, also eine Rescue-Situation sein.

    Rescue ist zur vorübergehenden Einnahme, aber nicht zum Dauergebrauch gedacht.

- Die Notfalltropfen können **neben** einer individuellen Blütentherapie immer wieder **unregelmäßig** eingenommen werden.

Fragen und Antworten zu Rescue

Können alte Menschen Rescue regelmäßig nehmen?

Alte Menschen

Alte Menschen klagen oft, dass sie nervlich empfindsamer geworden seien. Sie reagieren dünnhäutiger auf Diskussionen und Situationen, die für Jüngere „normal« sind.
Diese andauernden »seelischen Ausnahme-Situationen« lassen sich mit einer fast regelmäßigen Einnahme von Rescue gut in den Griff bekommen. Viele alte Menschen verlangen deshalb regelmäßig nach den Notfall-Tropfen. In Seniorenheimen und auf Geriatrie-Stationen hat die regelmäßige Gabe von Rescue dazu geführt, dass die Dosis von Schlafmitteln und Psychopharmaka deutlich reduziert werden konnte.

Kann man die Notfalltropfen auch mit Schmerzmitteln kombinieren?

Kombination mit Schmerzmitteln

Ja, Rescue wirkt wie alle Bach-Blütenkonzentrate auf einer ganz anderen Ebene als herkömmliche Medikamente. Die durch Einnahme der Notfall-Tropfen eingeleitete Stabilisierung des Seele-Geist-Körper-Systems kann in manchen Fällen zum Schmerzabbau beitragen.

Kann man Rescue auch vorbeugend einnehmen, wenn ein Schock oder eine belastende Situation zu erwarten ist?

Vorbeugende Einnahme

Grundsätzlich ja, denn oft ruft allein die Erwartung einer unangenehmen Situation auf seelischer Ebene schon den Ausnahmezustand herbei. Die bevorstehende Erschütterung und Aufregung befindet sich durch die gedankliche Vorwegnahme sozusagen bereits im System und stellt damit eine Belastung auf der energetischen Ebene dar. Der Zeitpunkt, zu dem dieser Vorgang einsetzt, ist von Mensch zu Mensch verschieden: Man sollte also darauf achten, wann die inneren Panikgefühle vor einer unangenehmen Situation beginnen – das könnte ebenso gut zwei Tage wie eine Stunde vor dem betreffenden Ereignis sein. Durch die vorherige Einnahme von Rescue sieht man dem gefürchteten Ereignis gelassener entgegen und kann es energetisch besser verkraften.

Man hüte sich allerdings vor der Annahme, man habe mit Rescue nun ein »Zaubermittel« zur Verfügung, das vor sämtlichen Unwägbarkeiten des Lebens schützt. Diese Erwartung muss zwangsläufig enttäuscht werden, da die Notfall-Tropfen – wie die Bach-Blütenkonzentrate überhaupt – nicht dazu gedacht sind, Erfahrungen zu verhindern. Erfahrungen dienen der Persönlichkeitsentwicklung, wobei die Bach-Blüten ihre Verarbeitung unterstützen und damit den individuellen Reifungsprozess fördern.

Kann Rescue auch Bestandteil einer Einnahmemischung sein?

Obwohl es grundsätzlich nicht zur Dauerbehandlung vorgesehen ist, kann es gelegentlich sinnvoll sein, Rescue einer Einnahmemischung zuzusetzen – besonders am Anfang einer Therapie, wenn ein Mensch so sehr aus dem Gleichgewicht geraten ist, dass sich seine individuelle Seelenproblematik noch nicht klar erkennen lässt. Nach der Einnahme dieser ersten Mischung kann der Betreffende dann erfahrungsgemäß seine Probleme genauer wahrnehmen und besser schildern.

Einnahmemischung

So finden Sie die richtigen Bach-Blüten

> »Für die Anwendung der Blütenessenzen sind keine wissenschaftlichen Erkenntnisse erforderlich. Wer den größten Nutzen aus dieser göttlichen Gabe ziehen will, muss sie in ihrer Ursprünglichkeit rein erhalten, frei von Theorie und wissenschaftlicher Erwägung – denn alles in der Natur ist einfach.«
> Edward Bach in *Heile Dich selbst*

Allgemeine Hinweise

Bestimmen Sie die Blüten nur nach Ihren **akut bestehenden, bewusst erkennbaren negativen Seelenzuständen**. Dazu bedarf es keiner psychologischen Ausbildung, sondern Selbsterkenntnis, Lebenserfahrung und gesunden Menschenverstandes. **Chronische** seelische Disharmonien in der eigenen Persönlichkeit zu erkennen ist weitaus schwieriger. In solchen Fällen ist es immer empfehlenswert, einen qualifizierten Fachmann aufzusuchen.

Akute Negativzustände können Sie problemlos selbst behandeln.

Für die **Auswahl** ist es wichtig, die betreffende Blüte in jedem Fall nach der **Negativhaltung** zu bestimmen. Es wäre nicht richtig, die Blüten nach ihren positiven Entwicklungsmöglichkeiten auszuwählen, da die Bach-Blüten nur dann ihre harmonisierende Wirkung entfalten können, wenn die Negativhaltung erkennbar vorhanden ist.

Konzentrieren Sie sich dabei nur auf die seelischen Negativhaltungen.

Die Auswahl der Blüten geschieht entweder im Selbststudium oder im **Gespräch**, durch **Einfühlung** in die seelische Situation und das **intuitive Erkennen** der derzeitigen negativen Seelenzustände.

Gespräch und Intuition sind wichtig.

Welche Haltung macht Ihnen jetzt wirklich Schwierigkeiten?

Körperliche Zustände werden als solche nicht beachtet oder interpretiert. Vielmehr geht es nur um die Beobachtung der **seelischen Verfassung**.

Nehmen Sie die Blüten nur, wenn Sie wirklich das Gefühl haben, seelische Unterstützung in einer bestehenden Krisensituation zu brauchen. Fragen Sie sich stets: **Haben diese Blüten wirklich mit dem jetzt bestehenden Problem zu tun?** Alle Blüten, mit denen Sie zur Zeit nichts anfangen können, sollten nicht eingenommen werden.

Eine Blüte reicht meist nicht aus.

In der Regel wird es zu einer Kombination von etwa **sechs** verschiedenen Blüten kommen, denn fast immer wird unser Seelenzustand von mehreren Einflussfaktoren bestimmt, die sich gegenseitig ergänzen oder überlappen können. Gerade am Anfang ist es besser, eine Blüte zu viel als zu wenig in die Kombination aufzunehmen. Eine nicht optimal ausgesuchte Blütenkombination kann nie schädlich sein, sondern zeigt einfach keine Wirkung. Die Erfahrung zeigt, dass durch die Einnahme von Bach-Blüten das Gespür, die Intuition für die Wahl der richtigen Bach-Blütenkombination von Mal zu Mal wächst.

Zur Benutzung des Fragebogens

Finden Sie heraus, was Sie derzeit seelisch blockiert.

Dieser Fragebogen dient Ihnen als Hilfestellung zum besseren Erkennen Ihrer derzeitigen individuellen seelischen Negativhaltungen und zum Auffinden der spezifischen Blütenkombination, **obwohl ein gründliches Gespräch mit einem in der Bach-Blütentherapie erfahrenen Experten (Arzt oder Heilpraktiker) dadurch nicht ersetzt werden kann**.

Jeder der 38 verschiedenen Bach-Blüten ist in diesem Fragebogen eine Aussage zugeordnet. Bei jeder Aussage bestehen zwei Antwortmöglichkeiten:

■ I. »Ja, in den letzten Tagen trifft dieses für mich genau zu.«
Hier werden disharmonische seelische Zustände angesprochen, die Sie momentan, z. B. in den letzten drei Tagen, be-

lasten. Dabei ist es nicht wichtig, ob dieser Zustand auch grundsätzlich für Ihren Charakter typisch ist. Oft kann eine kurzzeitige Störung Ihres seelischen Gleichgewichts durch äußere Umstände, z. B. neue Situation im Beruf oder plötzliche Umstellung im Privatleben, hervorgerufen werden.

■ **2. »Nein, das trifft in diesen Tagen für mich nicht zu.«**
Sollte eine Aussage für Sie in diesen Tagen nicht zutreffen, setzen Sie Ihr Kreuz für die entsprechende Frage bitte in dieses Feld.

Bei einigen Aussagen mögen Zustände angesprochen sein, die sich in Ihrem Leben bereits häufiger störend bemerkbar gemacht haben, **aber nicht** auf Ihre **derzeitige** Situation zutreffen. Dabei handelt es sich um negative Gefühlskonzepte oder seelische Fehlhaltungen, an denen Sie später arbeiten sollten, um das dahinter stehende positive Energiepotenzial freizusetzen. Kreuzen Sie in solchen Fällen bitte immer »nein« an, denn es geht in diesem Fragebogen ausschließlich darum, festzustellen, welche Zustände **jetzt akut** sind. Diese Blüten für später sind erst angezeigt, wenn sich der beschriebene Zustand aktuell in Ihrem Befinden bemerkbar macht.

Gehen Sie grundsätzliche Fragen erst dann an, wenn Sie die aktuellen Probleme gelöst haben.

Bitte machen Sie Ihre Kreuze spontan, ohne allzu lange darüber nachzudenken. Bedenken Sie, dass es keine richtigen oder falschen Antworten gibt. Füllen Sie den Fragebogen nach Möglichkeit allein aus. Sollte Ihnen eine Aussage Schwierigkeiten bereiten, so stellen Sie diesen Punkt bis zum Schluss zurück und fahren Sie zunächst mit den übrigen Aussagen fort.

Beantworten Sie die Fragen ganz spontan.

Nun übertragen Sie bitte die von Ihnen gemachten Ja-Kreuze in die Auswertungstabelle. Achten Sie beim Übertragen auf die richtigen Nummern!

Sollten Sie in einer akuten Krisensituation so außer sich sein, dass Sie sich nicht in der Lage fühlen, den Fragebogen auszufüllen, nehmen Sie als Erstes einige Tage lang nur Rescue ein, bevor Sie wieder mit dem Fragebogen arbeiten.

Fragebogen

»Wie fühle ich mich in meiner aktuellen seelischen Situation?«

Bitte spontan und schnell antworten. Nur das ankreuzen, was jetzt, momentan, d. h. in diesen Tagen, gefühlsmäßig ganz genau zutrifft.
(Was zwar grundsätzlich häufig zutrifft, jetzt oder in diesen Tagen jedoch nicht akut ist, mit »nein« beantworten.)

■ »Ja, in den letzten Tagen trifft dieses für mich genau zu.«

■ »Nein, das trifft in diesen Tagen für mich nicht zu.«

1. *Ich fühle mich jetzt* schuldbewusst. Ich mache mir Vorwürfe.
2. *Ich fühle mich jetzt* verunsichert. Ich zweifle an meiner eigenen Urteilsfähigkeit und richte mich nach der Meinung anderer.
3. *Ich fühle mich jetzt* misstrauisch, gefühlsmäßig verletzt, zornig, feindselig, eifersüchtig, rachsüchtig.*
4. *Ich fühle mich jetzt* nicht besonders betroffen, denn gedanklich bin ich meistens ganz woanders.
5. *Ich fühle mich jetzt* durch mangelnde Ordnung irritiert, reinigungsbedürftig, beschmutzt, angeekelt.*
6. *Ich fühle mich jetzt* im Stich gelassen, vom Schicksal ungerecht behandelt.
7. *Ich fühle mich jetzt* herausgefordert, meinen Willen durchzusetzen.
8. *Ich fühle mich jetzt* nicht standhaft genug. Ich befürchte, mir selbst untreu zu werden. Ich möchte mich endlich zur Tat durchringen.*
9. *Ich fühle mich jetzt* schwermütig, traurig, depressiv, ohne zu wissen, warum.
10. *Ich fühle mich jetzt* minderwertig, unterlegen, unfähiger als andere, als Mensch zweiter Klasse.*
11. *Ich fühle mich jetzt* wie ein erschöpfter Kämpfer auf einsamem Posten, der nicht aufgeben darf.
12. *Ich fühle mich jetzt* ängstlich. Ich fürchte mich vor

_____

(Bitte konkrete Person oder Ereignis einsetzen.)

13. *Ich fühle mich jetzt* zu weich, zu gutmütig. Ich kann nicht ›nein‹ sagen.
14. *Ich fühle mich jetzt* wehmütig. Ich komme über die Vergangenheit (Beziehung oder Situation) einfach nicht hinweg.

15. *Ich fühle mich jetzt* überwältigt von meinen vielen Verantwortungen. Das kann ich nicht mehr schaffen!
16. *Ich fühle mich jetzt* teilnahmslos. Ich habe mich damit abgefunden.
17. *Ich fühle mich jetzt* unschlüssig, zersplittert, innerlich unklar.* Ist es wirklich das, was ich will?
18. *Ich fühle mich jetzt* ungeduldig. Alles geht mir zu langsam.
19. *Ich fühle mich jetzt* seelisch bedürftig. Ich brauche Zuwendung und Anteilnahme.
20. *Ich fühle mich jetzt* wie ein Clown, der gute Miene zum bösen Spiel machen muss.
21. *Ich fühle mich jetzt* reserviert, möchte mich zurückziehen, in Ruhe gelassen werden.*
22. *Ich fühle mich jetzt* erstaunt, weil ich den gleichen Fehler immer wieder mache.
23. *Ich fühle mich jetzt* geplagt von unerwünschten Gedanken und inneren Dialogen, die ich nicht abstellen kann.
24. *Ich fühle mich jetzt* in die Enge getrieben, verzweifelt. Ich weiß nicht mehr weiter.
25. *Ich fühle mich jetzt* hundertfünfzigprozentig engagiert.
26. *Ich fühle mich jetzt* noch völlig schockiert, habe diesen Schlag noch nicht verkraftet.
27. *Ich fühle mich jetzt* innerlich hin- und hergerissen, bin ziemlich aus der Balance.
28. *Ich fühle mich jetzt* kraftlos, ausgelaugt, erschöpft.
29. *Ich fühle mich jetzt* wie ein Spitzensportler, der eisern trainieren muss und sich nichts gönnt.
30. *Ich fühle mich jetzt* ohne Hoffnung, resigniert.
31. *Ich fühle mich jetzt* bedroht, mich überkommen Ängste, die ich nicht greifen kann.
32. *Ich fühle mich jetzt* nicht genügend geschätzt oder geliebt, gekränkt, enttäuscht, weil ich mehr Anerkennung oder Dankbarkeit erwartet hätte.*
33. *Ich fühle mich jetzt* innerlich schlaff, überfordert. Ich habe nicht genügend Kraft und Initiative zur Bewältigung meiner Aufgaben.
34. *Ich fühle mich jetzt* so stark hineingezogen in die Lage des anderen, dass ich meine eigenen Gefühle und Ängste gar nicht wahrnehme.
35. *Ich fühle mich jetzt* entmutigt, skeptisch, pessimistisch.
36. *Ich fühle mich jetzt* wie auf einem Pulverfass. Ich kann mich kaum noch beherrschen.
37. *Ich fühle mich jetzt* genervt, überkritisch bzw. zu unkritisch, zu tolerant.
38. *Ich fühle mich jetzt* in Panik, kopflos, die Nerven flattern.

* Es braucht jeweils nur ein Begriff zuzutreffen.

Auswertungstabelle

Fragennummer	„Ja, in den letzten Tagen trifft dieses für mich genau zu."	Bach-Blüte
1	■	Pine
2	■	Cerato
3	■	Holly
4	■	Clematis
5	■	Crab Apple
6	■	Willow
7	■	Vine
8	■	Walnut
9	■	Mustard
10	■	Larch
11	■	Oak
12	■	Mimulus
13	■	Centaury
14	■	Honeysuckle
15	■	Elm
16	■	Wild Rose
17	■	Wild Oat
18	■	Impatiens
19	■	Heather
20	■	Agrimony
21	■	Water Violet
22	■	Chestnut Bud
23	■	White Chestnut
24	■	Sweet Chestnut
25	■	Vervain
26	■	Star of Bethlehem
27	■	Scleranthus
28	■	Olive
29	■	Rock Water
30	■	Gorse
31	■	Aspen
32	■	Chicory
33	■	Hornbeam
34	■	Red Chestnut
35	■	Gentian
36	■	Cherry Plum
37	■	Beech
38	■	Rock Rose

Haben Sie Ihre Ja-Kreuze sorgfältig übertragen?

Jetzt lassen sich die für Sie voraussichtlich in Frage kommenden Blüten leicht ablesen, denn jeder der typischen Aussagen ist in derselben Zeile die passende Bach-Blüte zugeordnet.

Wenn Sie sich tiefer mit den für Sie in Frage kommenden Blüten beschäftigen möchten, informieren Sie sich in dem Buch von Mechthild Scheffer, *Bach-Blütentherapie. Das gesamte theoretische und praktische Bach-Blütenwissen* (Irisiana, Heinrich Hugendubel Verlag, München) über die von Ihnen ermittelten Blüten und entscheiden dann, ob Sie alle von Ihnen gewählten Blüten zum jetzigen Zeitpunkt wirklich brauchen.

Sind Sie sicher, dass Sie eine bestimmte Blüte brauchen, so notieren Sie sich diese für Ihre aktuelle Blütenmischung.

Rezeptbausteine für Bach-Blüten-Mischungen
»Bach-Blüten-Cluster nach Mechthild Scheffer«

Diese so genannten Bach-Blüten-Cluster basieren auf einigen Jahrzehnten Beobachtung der »menschlichen Natur« und auf Erfahrungen mit Tausenden von Studenten und Patienten.

Die Cluster sind für den Einsteiger eine erste Hilfe beim Zusammenstellen seiner individuellen Bach-Blüten-Mischung. Sie können entweder alternativ oder zusätzlich zur Fragebogen-Analyse genutzt werden. Sollte Ihre persönliche Gefühlsnuance nicht dabei sein, so werden die Formulierungen Sie sicher dazu anregen, Ihre individuelle Gefühlssituation genauer zu erkennen.

Ablenkbar, zersplittert, inkonsequent reagieren

- Weil man immer auf der Suche nach der noch besseren Lösung ist — Wild Oat
- durch äußerliche Kleinigkeiten — Crab Apple
- weil man mehrere Ideen gleichzeitig verfolgen möchte — Wild Oat, Scleranthus
- weil man Dinge tut, die man eigentlich nicht tun möchte — Centaury, Cerato
- weil man lieber etwas anderes tun möchte — Clematis, Centaury
- weil man wie ein Rohr im Wind auf alle Einflüsse reagiert — Scleranthus
- weil man seiner eigenen Meinung nicht traut — Cerato
- weil man Ängste und Befürchtungen hat — Aspen, Mimulus
- weil man nicht wirklich hinter der Sache steht — Gentian, Cerato, Wild Oat
- weil man »es allen recht machen will« — Agrimony, Scleranthus, Centaury

- weil man seine Entscheidung immer wieder anzweifelt — Cerato, Scleranthus
- weil man kein klares Ziel vor Augen hat — Wild Oat
- weil man eigentlich nicht wirklich an das glaubt, was man tut — Gorse, Gentian

Aggressives Verhalten/Ärger
- um den eigenen Willen durchzusetzen — Holly, Vine
- aus Ungeduld — Holly, Impatiens
- aus Verbitterung — Holly, Willow
- unerwartet, aus heiterem Himmel — Holly, Cherry Plum

Akute Lebenskrise, Verzweiflung
- auf dem Höhepunkt — Sweet Chestnut, Rescue
- man ist noch wie betäubt — Star of Bethlehem, Sweet Chestnut
- man schwankt, ob man sich in die Situation fügen soll — Scleranthus, Water Violet
- Selbstzweifel — Sweet Chestnut, Cerato, Larch
- Schuldgefühle — Sweet Chestnut, Pine
- man sieht momentan keinen Sinn mehr — Star of Bethlehem, Gorse, Mustard
- man ist völlig überarbeitet — Oak, Olive, Sweet Chestnut
- man kann sich an die neue Situation noch nicht gewöhnen — Honeysuckle, Walnut

Albträume
- Angst vor der Nacht — Mimulus, Aspen
- man erwacht mit panischer Angst — Aspen, Rock Rose
- Angst durch unverarbeitete Ereignisse — Aspen, Star of Bethlehem
- Schuldgefühle — Aspen, Pine

Ängste

◆ Furcht vor konkreten Situationen und Dingen, z. B. Krankheit, Zahnarztbesuch, Lärmbelästigung, Fahrstuhlfahren	Mimulus
◆ Innere Panik, jede Zelle vibriert	Rock Rose
◆ Angst durchzudrehen, gewalttätig oder verrückt zu werden	Cherry Plum
◆ um Angehörige, Freunde etc.	Red Chestnut
◆ irrationale Ängste, z. B. im Dunkeln	Aspen
◆ vor Spinnen und Mäusen	Aspen, Mimulus
◆ vor dem Ungewissen	Aspen, Mimulus
◆ vor Prophezeiungen	Aspen
◆ Angst vor der Angst	Cherry Plum, Aspen
◆ vor Ansteckung, Schmutz u.Ä.	Aspen, Crab Apple
◆ vor »schlechten Schwingungen«	Aspen, Crab Apple
◆ enttäuscht zu werden	Mimulus, Gentian, Star of Bethlehem
◆ seelisch verletzt zu werden	Mimulus, Holly
◆ die wahren Gefühle zu zeigen	Mimulus, Agrimony
◆ durchschaut zu werden	Mimulus, Pine, Agrimony
◆ Fehler zu machen	Mimulus, Pine, Cerato
◆ Versagensängste	Mimulus, Larch, Willow
◆ Angstgedanken kreisen im Kopf	Mimulus, White Chestnut
◆ Angst vor Auseinandersetzungen	Mimulus, Star of Bethlehem, Agrimony, Centaury
◆ vor eigenen unbewussten Gefühlen	Cherry Plum, Agrimony
◆ allein zu sein	Mimulus, Heather
◆ andere zu verletzen	Mimulus, Holly, Pine
◆ vor Fehlentscheidungen	Mimulus, Cerato
◆ Beziehungen aufzugeben oder zu verändern	Mimulus, Chicory, Honeysuckle, Walnut

- vor Erschöpfung, Anstrengung — Mimulus, Olive, Hornbeam
- vor Nähe, engem Kontakt — Mimulus, Water Violet
- zu kurz zu kommen — Mimulus, Heather, Chicory, Holly
- man fürchtet, die Gedanken nicht mehr beherrschen zu können (zum Arzt schicken!) — Cherry Plum, Sweet Chestnut, White Chestnut
- Angst vor dem Fliegen — Rock Rose, Cherry Plum, Willow, Agrimony

Autoritäts- und Durchsetzungsprobleme

- man hat Schwierigkeiten mit Führungspersonen — Vine
- man meint, sich um jeden Preis durchsetzen zu müssen — Vine, Holly
- man will andere zu seiner Meinung bekehren — Vervain
- man will andere zu ihrem Glück zwingen — Vervain, Vine
- man weiß nicht, was man will, wenn stärkere Persönlichkeiten anwesend sind — Centaury
- man lässt sich zu viel vorschreiben, weil man anderen mehr zutraut — Larch, Cerato
- man versucht seine Ideen über andere oder auf indirektem Wege durchzusetzen — Vine, Chicory
- man muss lernen sich durchzusetzen — Vine, Centaury
- man hat Schuldgefühle, wenn man sich durchsetzt — Vine, Pine
- man möchte andere nicht verletzen — Centaury, Agrimony, Pine

Depressive Gefühle, Niedergeschlagenheit

- periodische Melancholie, man sitzt im Loch — Mustard

- durch Rückschläge und Enttäuschungen — Gentian
- mit Erschöpfung — Gentian, Olive
- mit Schlafstörungen — Mustard, White Chestnut, Gentian
- weil man keine Perspektive sieht, z. B. chronisch Kranke — Mustard, Gentian, Gorse
- weil man innerlich aufgegeben hat — Wild Rose, Mustard
- mit Selbstvorwürfen — Mustard, Pine
- durch Sorgen um einen anderen Menschen — Red Chestnut, Gentian
- durch schwere Vergangenheitsbelastung — Honeysuckle, Mustard, Willow

Entscheidungsprobleme

- weil die innere Zielsetzung unklar ist — Wild Oat
- weil man über das Vorgehen schwankt — Scleranthus
- weil man hin- und hergerissen zwischen zwei Möglichkeiten ist — Scleranthus
- weil man seine Entscheidung immer wieder anzweifelt — Cerato, Chestnut Bud, Gentian
- weil man fürchtet, den Folgen nicht gewachsen zu sein — Mimulus, Elm, Scleranthus
- weil man Angst vor Fehlentscheidungen hat — Mimulus, Cerato, Gentian
- weil man eine vergangene Situation noch nicht verarbeitet hat — Honeysuckle, Walnut
- weil man abhängig von einer anderen Person ist — Red Chestnut, Scleranthus
- weil man einen Schock noch nicht verkraftet hat — Star of Bethlehem

Erschöpfungsprobleme, Überforderung

- durch anhaltenden Leistungsstress — Olive, Oak
- durch eingefahrene Alltagspflichten — Olive, Hornbeam
- durch geistige Überforderung — Olive, Cerato, Chestnut Bud, Hornbeam

- durch mangelndes Selbstvertrauen — Larch, Mimulus
- durch zu viele Verantwortungsbereiche — Olive, Elm
- durch übertriebene Anstrengungen — Olive, Vervain
- durch zu hohe Anforderungen an sich selbst — Olive, Rock Water, Vervain
- mit Niedergeschlagenheit — Gorse, Mustard, Gentian
- mit Ängstlichkeit — Olive, Mimulus
- durch die eigene Unfähigkeit, nein zu sagen — Olive, Centaury
- mit Panik — Olive, Rock Rose

Gestresst, nervös reagieren
- auf Kleinigkeiten — Crab Apple, Rock Rose
- aufgrund von Erwartungsangst — Mimulus, Rock Rose
- aufgrund von versteckten Befürchtungen — Agrimony, Rock Rose, Aspen
- aufgrund von unterdrückten Trieben und Gefühlen — Cherry Plum, Rock Water
- aufgrund von zu viel Verantwortung — Elm, Rock Rose
- aufgrund von innerer Unrast — Impatiens, Chestnut Bud
- aufgrund von Erschöpfung — Olive, Rock Rose
- aufgrund von innerer Unsicherheit — Walnut, Scleranthus, Cerato, Rock Rose
- aufgrund von zu hohen Anforderungen an sich selbst — Rock Water, Vervain, Rock Rose, Elm
- aufgrund von innerer Sturheit — Rock Rose, Oak

Kontaktschwierigkeiten, Kommunikationsprobleme, Hemmungen
- durch falsche Bescheidenheit, Minderwertigkeitsgefühle — Larch, Water Violet, Mimulus
- durch Empfindlichkeit — Water Violet, Star of Bethlehem
- durch überhöhte Ansprüche an andere — Water Violet, Beech
- durch Ungeduld — Water Violet, Bud Impatiens, Chestnut
- mit Selbstvorwürfen — Water Violet, Pine
- durch Egozentrik — Water Violet, Heather

• mit Resignation	Water violet, Gorse, Gentian
• durch Unschlüssigkeit/Launenhaftigkeit	Water Violet, Scleranthus, Wild Oat
• durch eine innere Distanz zu anderen	Water Violet
• durch Schüchternheit	Mimulus
• durch Furcht, etwas falsch gemacht zu haben	Larch, Beech
• weil man glaubt, nicht schlagfertig genug zu sein	Mimulus, Star of Bethlehem, Larch
• weil man eigentlich nur mit sich beschäftigt ist	Heather
• weil man ungeduldig ist und alles sofort haben will	Impatiens
• weil man sich der Situation nicht gewachsen fühlt	Larch, Aspen
• weil man geistig mit einem anderen Thema beschäftigt ist	Clematis, White Chestnut
• weil man enttäuscht und verbittert ist	Gentian, Willow
• weil man für eingebildet gehalten wird	Water Violet
• weil man über Kleinigkeiten beim anderen nicht hinwegkommt, z. B. Aussprache, Kleidung, Körpergeruch	Beech, Crab Apple
• weil man immer Recht behalten muss	Vine, Larch, Heather
• weil man von anderen nichts erwartet	Water Violet, Gorse
• weil man Angst vor neuen Verpflichtungen hat	Pine, Mimulus
• weil man nie spontan sein kann	Chicory, Cherry Plum, Agrimony
• weil man niemanden an sich heranlässt	Water Violet, Mimulus
• weil man sich nicht in die Karten schauen lassen möchte	Chicory, Agrimony

◆ weil man sich mit den Problemen anderer nicht belasten möchte	Chicory, Heather, Water Violet
◆ weil man Auseinandersetzungen scheut	Agrimony, Cerato, Walnut
◆ weil man keine eigene Meinung hat	Cerato, Wild Oat, Centaury
◆ weil man sich gehemmt fühlt	Mimulus, Larch
◆ durch eine unerwartete Auseinandersetzung	Star of Bethlehem, Agrimony, Willow

Konzentrationsprobleme, Unordnung

Siehe auch »Ablenkbar, zersplittert, inkonsequent reagieren«

◆ weil man zu erschöpft ist	Olive, Hornbeam
◆ weil man zu viel im Kopf hat	Hornbeam, White Chestnut
◆ weil man zu leicht abgelenkt ist	Scleranthus, Clematis
◆ weil das Interesse zu schnell nachlässt	Wild Oat, Scleranthus
◆ weil man nicht weiß, was man will	Cerato, Wild Oat
◆ weil man geistig überfordert ist	Olive, Hornbeam, Cerato, Chestnut Bud

Lernprobleme

◆ durch Konzentrationsmangel	Chestnut Bud, White Chestnut, Clematis
◆ durch frühere Fehlschläge	Honeysuckle, Chestnut Bud, Gentian, Larch
◆ durch Angst vor Strafe	Aspen, Cherry Plum, Pine
◆ durch Übereifer	Chestnut Bud, Vervain
◆ durch fehlende Motivation	Wild Oat, Wild Rose
◆ bei hartnäckig wiederkehrenden Fehlern	Chestnut Bud, Honeysuckle, Gentian

Mangelnde Motivation, innere Trägheit, Gleichgültigkeit

◆ man reagiert gleichgültig und apathisch	Wild Rose
◆ nach einem Schicksalsschlag	Wild Rose, Willow
◆ mit bleierner Müdigkeit	Wild Rose, Hornbeam, Mustard

◆ mit Trägheitsgefühl	Wild Rose, Hornbeam
◆ aus Resignation mit Opfergefühl	Gorse, Willow
◆ aus Resignation mit Pessimismus	Gorse, Gentian
◆ durch unverarbeitete Enttäuschung	Star of Bethlehem, Gentian, Willow
◆ durch den Verlust eines geliebten Menschen	Wild Rose, Honeysuckle, Red Chestnut
◆ man würde sich gern aus allem zurückziehen	Water Violet, Clematis
◆ aus lang anhaltender Überforderung	Olive, Wild Rose, Oak
◆ weil man nicht mehr an das Gute im Menschen glaubt	Gentian, Wild Rose

Minderwertigkeitsgefühle, Selbstwertkrise

◆ mit Schuldgefühlen	Larch, Pine
◆ mit Verunsicherung	Larch, Walnut, Cerato
◆ weil man zu gutmütig ist	Larch, Centaury
◆ weil man eine langsame Auffassungsgabe hat	Larch, Chestnut Bud, Hornbeam
◆ geheime Minderwertigkeitsgefühle	Agrimony, Larch, Cherry Plum
◆ aus plötzlicher Unsicherheit	Mimulus, Elm, Larch
◆ aufgrund der äußeren Erscheinung	Beech, Larch, Crab Apple
◆ man fürchtet, nicht so fähig zu sein wie andere	Larch, Mimulus
◆ man versucht, Minderwertigkeitsgefühle mit Trotz zu überspielen	Larch, Vine
◆ vorübergehende Selbstwertkrisen durch Überforderung	Elm
◆ durch Rückschläge	Larch, Gentian

Prüfungssituationen

◆ klassische Examenssituation	Gentian, Elm, Clematis, Rock Rose, White Chestnut
◆ wenn man schon einmal durchgefallen ist	Honeysuckle, Chestnut Bud, Larch, Gentian

- wenn man wie das Opferlamm zur Schlachtbank geht — Rock Rose, Willow, Centaury, Clematis
- wenn man dazu neigt, ein Brett vor dem Kopf zu haben — Chestnut Bud, Clematis, Aspen

Resigniert, hoffnungslos sein
- schon lange andauernd — Gorse, Wild Rose
- apathisch, wie betäubt — Star of Bethlehem, Wild Rose
- aufgrund einer Enttäuschung — Honeysuckle, Gentian, Gorse
- durch Erschöpfung — Wild Rose, Olive
- man sieht schwarz — Gorse, Mustard
- aufgrund unverarbeiteter Erlebnisse — Honeysuckle, Gorse, Star of Bethlehem
- aufgrund wiederholter Schicksalsschläge — Willow, Gorse, Chestnut Bud

Schlafschwierigkeiten
- unverarbeitete Erlebnisse kreisen im Kopf — White Chestnut, Star of Bethlehem, Cherry Plum, Honeysuckle
- durch unterdrückte Sorgen — White Chestnut, Agrimony
- durch Schuldgefühle — White Chestnut, Pine, Honeysuckle
- durch Angst vor Albträumen — Aspen, Rock Rose, White Chestnut
- durch Depressionen — White Chestnut, Mustard
- durch Überforderung — Olive, Elm, White Chestnut, Oak
- durch Angst um andere — White Chestnut, Red Chestnut
- durch innere Überdrehtheit — Vervain, White Chestnut
- mit Zähneknirschen — Cherry Plum, White Chestnut

siehe auch »Albträume«

Schuldgefühle, Selbstvorwürfe

- wegen einer anderen Person — Red Chestnut, Pine
- man bedauert, »zu hart« gewesen zu sein — Pine, Vine, Agrimony
- mit Selbstkritik — Pine, Beech
- wegen der Unfähigkeit, Entscheidungen zu treffen — Cerato, Pine
- mit Angst und Panik — Pine, Rock Rose, Mimulus
- mit Rückzugstendenz — Pine, Water Violet
- mit Nägelkauen — Vine, Pine, Agrimony

Stur, intolerant reagieren

- weil man von anderen einen hohen Ordnungs- und Reinheitsstandard erwartet — Crab Apple, Beech
- man verlangt von anderen die gleiche Reaktionsgeschwindigkeit — Impatiens
- man erwartet von anderen die gleichen Wertmaßstäbe — Beech
- man erwartet von anderen die gleiche Begeisterung für eine Idee und wird fanatisch — Vervain
- man erwartet von anderen, dass sie der eigenen Meinung folgen, und möchte sie dazu zwingen — Vine
- man kann aus Prinzip nicht nachgeben — Vine, Rock Water
- man gestattet keine Ausnahme von der Regel — Oak, Rock Water

Trauer

- tiefe Trauer — Mustard
- macht pessimistisch, der Glaube geht verloren — Mustard, Gentian
- erzeugt Verbitterung — Mustard, Willow

- bewirkt Selbstzweifel — Mustard, Cerato, Larch
- Seelentrost bei Trauer — Mustard, Star of Bethlehem
- zur Ablösung von der Vergangenheit — Mustard, Honeysuckle
- für Hoffnung — Gorse
- für Lebenslust — Wild Rose

Trennen, Trennung

- man hat die Nachricht noch nicht verkraftet — Star of Bethlehem
- man hat Schuldgefühle — Pine
- man hat Angst davor — Mimulus, Rock Rose
- man fürchtet den Neubeginn — Mimulus, Aspen, Larch
- man fürchtet, andere zu verletzen — Agrimony, Pine
- man meint, der andere wäre sein Besitz — Chicory
- man kann Vergangenes nicht abschließen — Honeysuckle, Beech, Willow
- man will, dass alles beim Alten bleibt — Honeysuckle, Chicory
- man fühlt sich »energetisch verkettet« — Red Chestnut
- man fürchtet, das Gesicht zu verlieren — Cerato, Larch, Agrimony
- man weiß nicht, ob die Entscheidung für Trennung richtig ist — Cerato, Scleranthus
- man weiß nicht, wie es nach der Trennung weitergehen soll — Wild Oat

Unsicherheit, innere Verunsicherung

- man will seine Unsicherheit nicht zeigen — Agrimony, Vervain
- man lässt sich immer wieder verunsichern — Chestnut Bud, Cerato, Walnut
- wenn man von anderen beobachtet wird — Centaury, Larch
- weil man es allen recht machen will — Cerato, Centaury

- weil man nicht weiß, was man will   Cerato, Wild Oat
- weil man sich nichts zutraut   Cerato, Larch, Mimulus
- weil man zu viele Ratgeber hat   Cerato, Walnut
- die Verantwortung übernehmen zu können   Elm, Cerato, Mimulus
- eine Entscheidung treffen zu können   Scleranthus, Cerato, Wild Oat
- weil man zu ungeduldig ist   Cerato, Chestnut Bud, Impatiens
- aufgrund vergangener Fehler   Pine, Cerato, Honeysuckle

Verkrampft, angespannt, blockiert sein
- als erste Maßnahme   Rescue
- angespannt aus Erwartungsangst   Agrimony, Mimulus
- durch starke Dynamik, hohes Tempo   Impatiens
- durch »überstarke« Motivation   Vervain
- durch hohen Leistungsanspruch an sich selbst   Rock Water, Vervain
- durch Schock   Star of Bethlehem, Cherry Plum
- durch übergroße Zielstrebigkeit und Ehrgeiz   Vine
- weil man etwas unbedingt erreichen will   Rock Water, Vine, Vervain
- durch die eiserne Entschlossenheit, sich nicht kleinkriegen zu lassen oder nicht aufzugeben   Oak
- aufgrund mangelnder seelischer Abgrenzung   Aspen, Scleranthus, Oak
- weil man zu hart zu sich selbst ist   Rock Water, Oak
- weil man zu viel will   Vine, Vervain
- weil man etwas noch nicht verkraftet hat   Star of Bethlehem, Cherry Plum

Willensschwäche, man kann sich nicht durchsetzen

• man kann nicht nein sagen	Centaury
• weil man niemandem wehtun möchte	Centaury, Agrimony
• weil man kein Ziel hat	Centaury, Wild Oat
• weil man sich immer wieder verunsichern lässt	Centaury, Walnut
• weil man geschockt und enttäuscht ist	Centaury, Star of Bethlehem, Gentian, Holly
• um vergangene Fehler nicht noch einmal machen zu müssen	Honeysuckle, Pine, Chestnut Bud, Centaury
• weil man nicht genau weiß, was man wirklich will	Cerato, Walnut
• weil man Schuldgefühle bekommt, wenn man seinen eigenen Willen zeigt	Pine, Vine
• aus Angst vor Auseinandersetzungen	Mimulus, Centaury, Agrimony
• aus falsch verstandener Toleranz	Beech, Centaury

Zubereitung, Dosierung, Einnahme

Wenn Sie die passende(n) Blüte(n) für sich ausgewählt haben, gibt es verschiedene Möglichkeiten der Zubereitung, Dosierung und Einnahme.

Die beiden klassischen Zubereitungsmethoden

▶ Die Wasserglasmethode

Sie ist besonders geeignet für akute, stark ausgeprägte Zustände und für eine kurzfristige, tageweise Einnahme. Empfehlenswert ist sie auch zu Beginn einer Bach-Blütentherapie.

Die Wasserglasmethode eignet sich besonders für akute Situationen.

Man gibt täglich morgens aus jeder der ausgewählten Konzentratfläschchen (auch Stockbottles oder Vorratsflaschen genannt) zwei Tropfen (von Rescue vier Tropfen, siehe dazu auch S. 58), in ein größeres gefülltes Wasserglas und trinkt es in kleinen Schlucken (jeder Schluck ist ein Energieimpuls), über den Tag verteilt, leer. In sehr akuten Zuständen sollte man mehrere Gläser im Abstand von einer halben Stunde leer trinken, so lange, bis der harmonisierungsbedürftige Zustand abgeklungen ist. Wer viel unterwegs ist, verwendet statt einem Wasserglas eine Viertelliterflasche stilles Mineralwasser.

▶ Die Einnahmeflasche

Sie ist besonders geeignet für die längerfristige Behandlung chronischer Seelenzustände und Probleme.
In ein Medizinfläschchen mit Tropfpipette oder Tropfvorrichtung, das zu ca. 75 Prozent mit Wasser und zu 25 Prozent mit

Bei einer langfristigen Behandlung ist die Zubereitung einer Einnahmeflasche empfehlenswert.

Alkohol gefüllt wurde, geben Sie aus jedem der ausgewählten Konzentratfläschchen einen Tropfen pro zehn Milliliter Alkohol-Wasser-Gemisch. Von Rescue die doppelte Menge, also zwei Tropfen pro zehn Milliliter, aus der Konzentratflasche nehmen. Dunkle Medizinfläschchen bekommt man in der Apotheke in Größen zwischen zehn und 50 Milliliter. Es empfiehlt sich für Erwachsene eine Größe von 30 und für Kinder zehn oder 20 Milliliter. Wer außer Haus arbeitet, bereitet sich praktischerweise zwei Fläschchen zu und deponiert das eine am Arbeitsplatz, das andere zu Hause.

Eigene Einnahmeflaschen können auch für die Folgemischung weiterverwendet werden. Gründliches heißes Auswaschen genügt. Bei der Weiterverwendung für andere Personen empfiehlt es sich, die Flasche auszukochen oder zu sterilisieren.

Welches Wasser ist als Trägersubstanz geeignet?

Bach empfahl Quellwasser und meinte damit im weitesten Sinne »gesundes Wasser aus natürlichen Quellen«. Das wäre heute in etwa vergleichbar mit Wasser aus dem eigenen Brunnen oder auch sehr gutem Leitungswasser. Das englische Bach Centre empfiehlt Volvic oder andere kohlensäurefreien Mineralwässer.
Wasser aus berühmten Heilquellen ist wegen seiner starken Eigenschwingung nicht neutral genug und daher weniger empfehlenswert. Ebenfalls nicht geeignet ist wegen seiner mangelnden »Imprägnierungsfähigkeit« entmineralisiertes oder destilliertes Wasser. Noch umstritten als Trägersubstanz ist auch die Verwendung von levitiertem oder anderweitig manipuliertem Wasser.

Welche Rolle spielt der Alkohol?

Alkohol dient nur der Konservierung des Wassers. Empfehlenswert ist Kognak bzw. Weinbrand, den auch die Konzentrate selbst enthalten, oder ein anderer klarer Brand unter 50 Prozent Alkoholgehalt.
Für Kinder oder Alkoholkranke können Einnahmeflaschen bei gleicher Wirkung ohne Alkohol angesetzt werden. Manche Schnapsgegner verwenden Himbeeressig zur Konservierung.
Konzentratflaschen können ähnlich wie homöopathische Mittel bei Zimmertemperatur lichtgeschützt im Schrank aufbewahrt werden. Bach-Blütenkonzentrate sind energetisch stabiler als homöopathische Hochpotenzen, sie können also Schütteln, feines Schwingen u.Ä. vertragen.

Aufbewahrung

- Der Inhalt der Konzentratflaschen ist im Prinzip unbegrenzt haltbar. Das heute auf den Flaschen angegebene Haltbarkeitsdatum bezieht sich auf das sonstige bei der Abfüllung verwendete Material wie z.B. dem Gummi der Tropfpipettvorrichtung.
- Auf den Rescue-Cremes ist ein Haltbarkeitsdatum angegeben.
- Einnahmeflaschen sind so lange haltbar wie das als Trägersubstanz verwendete Alkohol-Wasser-Gemisch: drei bis vier Wochen.
- Ist eine längerfristige Einnahme gewünscht, so sollte der Alkoholanteil auf mindestens 50 Prozent erhöht werden. Das gilt besonders für eine Rescue-Einnahmeflasche.
- Alte Mischungen sind trotz Trübung des Wassers energetisch immer noch genauso wirksam. Deshalb sollte man sie nie wegschütten, sondern wieder der Natur zuführen: im Garten, als Blumengießwasser oder eigenes Badewasser.
- Falls die Einnahmemischung ohne konservierenden Alkohol zubereitet wird, verkürzt sich ihre Haltbarkeit auf die Haltbarkeit des Wassers. Daher empfiehlt es sich z.B. im Sommer, ein nur mit Wasser zubereitetes Einnahmefläschchen im Kühlschrank aufzubewahren.

Haltbarkeit

Hinweise für Dosierung und Einnahme

Über die Dosierung können Sie ohne Bedenken selbst entscheiden.

Die Dosierung kann, im Gegensatz zu homöopathischen Mitteln, bei Bach-Blüten gefahrlos individuell gehandhabt werden.

Die klassische Standarddosierung beträgt

- bei der **Wasserglasmethode**:
  Täglich zwei Tropfen pro Stockbottle im Wasserglas

- aus der **Einnahmeflasche**:
  viermal täglich vier Tropfen direkt auf die Zunge, z.B.
  – morgens zuerst ca. 10 Minuten nach dem Zähneputzen oder vor dem Frühstück
  – mittags um 12.00 Uhr auf leeren Magen
  – nachmittags gegen 17.00 Uhr auf leeren Magen
  – abends zuletzt ca. 10 Minuten nach dem Zähneputzen

Zur Entfaltung der vollen Wirkung behält man die Tropfen vor dem Herunterschlucken einen Moment lang im Mund.

Höhere Dosierung

Richten Sie die Dosierung nach Ihrem persönlichen Empfinden.

Zu Beginn einer Bach-Blütentherapie hat man häufig das Bedürfnis, die Mischung wesentlich öfter einzunehmen, z.B. mehrere Wassergläser oder bis zu 15-mal täglich vier Tropfen aus der Einnahmeflasche. **Diesem intuitiven Bedürfnis nachzugeben ist empfehlenswert.** Das bringt oft den Durchbruch in der Therapie. Erfahrungsgemäß kehrt man nach etwa sieben Tagen von selbst zur Standarddosierung zurück.

Niedrigere Dosierung

Beziehen Sie individuelle Erfahrungswerte mit ein.

Wenige Menschen haben intuitiv das Bedürfnis, die Tropfen seltener einzunehmen. Wer aus Erfahrung weiß, dass er von homöopathischen oder naturheilkundlichen Mitteln weniger verträgt als andere Menschen, sollte auch mit den Bach-Blüten **vorsichtig beginnen** und langsam von einem Tropfen bis zu dreimal drei Tropfen täglich steigern.

Einnahmedauer

- In **akuten Krisen** empfiehlt sich die kurzfristige Einnahme nach der Wasserglasmethode: etwa ein bis vier Tage lang. Die Zusammenstellung sollte zwischendurch je nach Zustand modifiziert werden.

- **Längerfristige Behandlung chronischer Reaktionsmuster**: 18 bis 28 Tage pro Mischung.

- **Langzeitmischungen**, z.B. für alte Menschen: fünf bis acht Wochen pro Mischung.

Erstreaktionen

Sollten in den ersten drei Tagen nach Einnahme einer Bach-Blüten-Mischung vermehrt Träume auftreten oder Symptome früherer Erkrankungen kurzfristig wieder aufflackern, so ist dieses positiv zu werten. Es zeigt an, dass der seelische und körperliche Reinigungsprozess in Gang gekommen ist.

Durch die Einnahme von Bach-Blüten können alte seelische oder körperliche Symptome wieder zum Vorschein kommen.

Empfehlungen zum Umgang mit Erstreaktionen:

- schrittweise **Herabsetzung der Einnahmehäufigkeit**, bis notfalls auf einmal täglich einen Tropfen; eventuell gleichzeitig kurzfristige Einnahme von Rescue nach der Wasserglasmethode

- oder (die heroischere Variante): **Steigerung der Einnahmehäufigkeit**, je nach Bedürfnis auf bis zu 15-mal täglich fünf Tropfen. Auf diese Weise wird die Erstreaktionsphase sehr schnell durchlaufen.

Lassen Sie sich nicht verunsichern, sondern fahren Sie in der Behandlung fort.

Es hat sich nicht bewährt, die Einnahme ganz zu unterbrechen, um einen vermeintlich günstigeren Zeitpunkt abzuwarten. Die Erfahrung zeigt vielmehr, dass bei späterer erneuter Einnahme der Blütenmischung alle Symptome wieder auftreten, die am Tage der Unterbrechung bestanden hatten.

Die Erstreaktionen klingen schneller ab, wenn man sich bewusst mit den Seelenqualitäten der eingenommenen Bach-Blüten auseinander setzt.

Bach-Blütentherapie bei Kindern

> »Richtig verstanden ist die Elternschaft eines unserer größten Privilegien. Elternschaft bedeutet, einer jungen Seele die Möglichkeit zu geben, um ihrer Entwicklung willen in einem physischen Körper auf diesen Planeten zu kommen. Es bedeutet weiterhin, dieser Seele in den ersten Lebensjahren alle nur mögliche geistige, seelische und körperliche Führung und Fürsorge zu ermöglichen.«
> Edward Bach in *Heile Dich selbst*

Die Grundlagen zu den meisten späteren psychischen Störungen werden in den ersten sieben Lebensjahren gelegt. Daher können viele körperliche und seelische Störungen im späteren Leben verhindert werden, wenn man ein Kind – wenn nötig – vom ersten Lebenstag an mit Bach-Blüten begleitet.

Grundsätzlich empfiehlt sich die Bach-Blütentherapie auch für Kinder.

Auch körperliche Störungen wie Bauch- und Kopfschmerzen sind nach Meinung vieler Kinderärzte zu 80 Prozent seelisch bedingt und werden heute leider oft mit zu »schweren Geschützen«, z.B. mit Psychopharmaka behandelt. Eltern, die die Bach-Blüten für ihre Kinder entdeckt haben, wollen sie nicht mehr missen.

Bach-Blüten für Säuglinge und Kleinkinder

Im Säuglingsalter ist das Kind mit der Mutter noch symbiotisch verbunden, beide brauchen naturgemäß die gleichen Blüten. Solange gestillt wird, werden die Blütenimpulse vom Säugling mit der Muttermilch aufgenommen.
Außer Rescue bei großer Aufregung brauchen Säuglinge und Babys in der Regel keine eigene Bach-Blütenmischung. Umso sinn-

Rescue und Walnut oder Star of Bethlehem und Walnut im ersten Badewasser helfen Mutter und Kind, die Mühen der Geburt abzustreifen.

voller ist die Blüteneinnahme für alle Personen, die das Familienklima prägen, in dem sich der Säugling wohl fühlen soll.
Wenn dann im Kleinkindalter die individuellen Charakterzüge stärker hervortreten, können akut und kurzfristig auch eigene Bach-Blütenmischungen gebraucht werden.

Dosierung

Für Kleinkinder reicht meist eine Zehn-Milliliter-Einnahmeflasche ohne Alkoholkonservierung. Man beginnt zunächst mit der normalen Dosierung und muss dabei genau beobachten, wie oft, in welcher Anzahl und bis wann die Tropfen gern genommen werden. Entsprechend sollte man die Dosierung verändern. Erstreaktionen dürfte es bei Babys und Kleinkindern nicht geben, da ja nur akute Zustände behandelt werden. Wenn sich der negative Gemütszustand bei einem Baby trotz gut gewählter Bach-Blütenmischung nicht verändert, wird er durch ein anderes Mitglied des Familiensystems immer wieder ausgelöst und muss bei diesem Familienmitglied behandelt werden.

Kinder bis zur Vorpubertät

Kinder brauchen die Bach-Blüten, ähnlich wie Erwachsene, grundsätzlich in drei verschiedenen Situationen.

♦ **Als seelische Gesundheitsvorsorge:**
Kommt ein sonst stets agiles, waches Kind eines Tages ungewöhnlich müde, einsilbig und geistesabwesend von der Schule nach Hause und man bekommt den Eindruck, es brütet eine Krankheit aus, sollte man ihm ein paar Tropfen Clematis eingeben und beobachten, wie es vom Zustand des »Nicht-ganz-da-Seins« wieder zur normalen Wachheit und Agilität zurückfindet. Eine körperliche Krankheit braucht vielleicht gar nicht »ausgebrütet« zu werden, und wenn sie dennoch auftritt, verläuft sie meist kürzer und leichter als bei seinen Schulkameraden.

♦ **Zur Überwindung seelischer Krisensituationen:**
Bei seelischen Krisensituationen im Kindesalter kann es sich um Eifersucht auf ein neues Geschwisterchen, Panik vor Geisterer-

scheinungen nach einem Fernseh- oder Kinofilm, Angst vor dem ersten Schultag, Widerstand gegen die Schularbeiten o.Ä. handeln. Bei einer richtig gewählten Blütenmischung sollte schon innerhalb der ersten 24 Stunden ein deutlicher Ansatz zur Harmonisierung erkennbar sein. Deshalb empfiehlt sich, für Kinder nur Zehn- oder 20-Milliliter-Fläschchen zuzubereiten bzw. die Wasserglasmethode anzuwenden.

◆ **Zur Mitbehandlung von chronischen Krankheiten:**
Bei Störungen und Krankheiten wie Asthma, Bettnässen oder chronischen Ekzemen kann es nur zu einem Dauererfolg kommen, wenn auch mindestens eine Person im Familiensystem zusätzlich Bach-Blüten einnimmt. Erfahrungsgemäß tritt beim Kind zwar eine vorübergehende Besserung ein, verschwindet aber in dem Moment wieder, wenn sich das Klima im gesamten Familiensystem verschlechtert.

Wenn man mit seinem Kind zu einem Therapeuten geht, empfiehlt es sich, die Beschwerden des Kindes mit dem Therapeuten unter vier Augen zu besprechen. Das anschließende Gespräch und die Blütenauswahl sollte der Therapeut allerdings mit dem Kind allein durchführen.

- Schlafstörungen
- Ängste
- Ess- und Verdauungsstörungen
- Kopfschmerzen und Migräne
- Allgemeine Infektanfälligkeit
- Ekzeme
- Allergien
- Asthma bronchiale
- Neurodermitis
- Bettnässen
- Schwierigkeiten beim Zahnen
- Aggressivität
- Schulschwierigkeiten
- Legasthenie
- Stottern
- Hyperkinetisches Syndrom (psychoorganisches Syndrom)

Wo Kinderärzte Bach-Blüten besonders häufig einsetzen

Bewährte Empfehlungen

Überreden Sie Ihr Kind nicht dazu, Bach-Blüten einzunehmen!

Die gewählten Blüten sollten in altersgerechter Form soweit möglich mit dem Kind besprochen werden. Es ist sehr wichtig, dass ein Kind die Blüten nicht als Beruhigungstropfen für jedes seelische Wehwehchen kennen lernt, sondern als Verbündete betrachtet, die ihm dabei helfen, etwas Eigenes zu entwickeln oder zu stärken. Viele Kinder bezeichnen ihre Mischung von sich aus als »meine Tapferkeitstropfen« oder »meine Geduldstropfen«; so werden Autonomie und Selbstverantwortung gefördert. Man sollte Kindern auch freistellen, die Blüten einzunehmen oder nicht, denn Kinder nehmen Bach-Blüten sehr gerne ein, wenn sie sie wirklich brauchen. Da sie ihrem höheren Selbst oder ihrer Seele noch näher sind als wir Erwachsene und weniger mentale Widerstände aufgebaut haben, reagieren sie nicht nur schnell, sondern auch seismographisch genau auf die Blütenenergien. Als Erwachsener steht man oft staunend vor diesen Reaktionen.

Von folgender Erfahrung wird in ähnlicher Form immer wieder berichtet:
Ein Vierjähriger kommt vom Spielplatz extra nach Hause, um seine Mutter daran zu erinnern, dass es Zeit ist, seine Tropfen einzunehmen. Zwei Tage später lehnt er entschieden ab, die Tropfen weiter zu nehmen, da er registriert hat, dass das seelische Gleichgewicht inzwischen wieder hergestellt worden ist.

Oder: Eine Mutter verwechselt beim Verabreichen der Tropfen versehentlich die Fläschchen der Geschwister. Der kleine Sohn weigert sich massiv, diese Tropfen einzunehmen, und schreit wie am Spieß, bis die Mutter die Verwechslung bemerkt. Seine eigenen Tropfen nimmt er dann widerstandslos ein.

Man sollte Kinder also nicht zu überreden versuchen, Bach-Blüten einzunehmen, weil alle in der Familie jetzt ihre Mischung bekommen, oder sie dazu nötigen, ihre alte Mischung aufzubrauchen.

Bach-Blüten und Pubertät

Im beginnenden Selbstfindungsprozess können die Bach-Blüten helfen, die oft heftigen Stimmungsschwankungen auszugleichen. Allerdings werden die Eltern dann meistens nicht mehr als »Behandler« akzeptiert und sind tatsächlich auch nicht dazu geeignet, denn sie sind meistens Teil der seelischen Konfliktsituation des jungen Menschen und daher nicht zu einer objektiven Sicht der Dinge in der Lage.

Hat man den Eindruck, dass die seelische Problematik schwerwiegender ist, sollte man den Besuch bei einem neutralen fachkundigen Behandler oder psychologisch geschulten Therapeuten anregen. Oft greifen junge Menschen nach anfänglicher Ablehnung die Gedanken Edward Bachs von selbst begeistert auf. Man sollte ihnen Zeit lassen, die Bach-Blüten selbst für sich zu entdecken.

Fragen und Antworten zur Anwendung bei Kindern

Können Kinder mit Bach-Blüten manipuliert werden?

Die Bach-Blüten können grundsätzlich kein Instrument der Manipulation sein, weder bei Erwachsenen noch bei Kindern. Dies hat zwei Gründe: Einerseits können die Bach-Blüten nur dann wirksam werden, wenn sie wirklich benötigt werden. Andererseits dienen die Bach-Blüten der Persönlichkeits-entfaltung und führen den Menschen auf den Weg zu sich selbst zurück – also auf eine Ebene, wo er immer weniger manipulierbar wird.

Selbst wenn man die Bach-Blüten in manipulativer Absicht einsetzen würde, um z.B. aus einem lebhaften ein braves, angepasstes Kind zu machen, wird man damit wenig Erfolg haben, wenn die wahre Natur des Kindes lebhaft ist.

Manipulation

Ist es sinnvoll, Kindern ständig Bach-Blüten zu geben, damit sie es später im Leben leichter haben?

Charakterbeeinflussung

Nein, es ist ein Missverständnis zu glauben, dass durch ständige Bach-Blüteneinnahme der Charakter eines Kindes harmonisch und sein Leben als Erwachsener konfliktfrei verlaufen wird. Kinder zeigen recht deutlich, zu welchem Zeitpunkt ihrer Entwicklung ihnen die Bach-Blüten gut tun. So reagierte z.B. ein Kind, das im Alter von sechs Jahren bei Schulschwierigkeiten eine bestimmte Blütenmischung gern eingenommen hatte, zu einem späteren Zeitpunkt in einer vergleichbaren Situation ablehnend und verweigerte die Einnahme: Es spürte instinktiv, dass es mit diesen Schwierigkeiten jetzt anders umgehen musste.

Die Konzentrate können nur dort eingreifen, wo etwas vorhanden ist: Sie wirken nur dort harmonisierend, wo ein akuter disharmonischer Zustand besteht. Man kann mit den Bach-Blüten also keine Charakterzustände hervorrufen, die nicht bereits im Kind angelegt sind.

Zusammenfassung: Bach-Blütentherapie bei Kindern

- Besonders empfehlenswert, da seelische Ursachen viel offensichtlicher zutage treten als beim Erwachsenen und häufig im Krankheitsfall mit zu starken Mitteln behandelt werden.
- Kinder sprechen schneller auf die Bach-Blüten an; im akuten Zustand in wenigen Stunden oder Tagen.
- Bei chronischen Beschwerden (z.B. Bettnässen) sollten auch die Eltern Bach-Blüten einnehmen, wenn der Erfolg von Dauer sein soll.
- Kinder geben deutlich zu erkennen, wann eine Mischung benötigt bzw. wann sie nicht mehr gebraucht wird.
- Diagnose wie beim Erwachsenen; Kinder wissen meist besser, was sie brauchen, als ihre Eltern denken.
- Dosierung grundsätzlich wie beim Erwachsenen; Zubereitung auch ohne Alkohol möglich. Wegen der kürzeren Einnahmezeit sind kleinere Einnahmeflaschen (10-20ml)

Bach-Blütentherapie bei Tieren

Anwendung

Man sagt, Tiere sind Seelenwesen und ihren Empfindungen viel unmittelbarer ausgeliefert als der Mensch. Die Praxis hat gezeigt, dass Tiere oft besonders rasch auf die positiven Impulse der Bach-Blüten reagieren, so dass eine Harmonisierung häufig innerhalb kurzer Zeit erreicht ist. So kann z.B. ein scheues und ängstliches Tier mit Hilfe der Bach-Blüte Mimulus in wenigen Tagen seine Furchtsamkeit überwinden und Mut und Vertrauen entwickeln.

Tiere reagieren oft sehr prompt und schneller als Menschen auf die Impulse der Bach-Blüten.

Die Therapiedauer ist also deutlich kürzer als beim Menschen. Im Gegensatz zum Menschen hat das Tier allerdings nicht die Chance, bewusst an der Überwindung seiner seelischen Fehlhaltungen mitzuarbeiten. Zuchtbedingte »Charakterfehler« lassen sich mit Hilfe de Bach-Blüten nur begrenzt beeinflussen, häufig erweisen sie sich sogar als therapieresistent.

Zuchtfehler lassen sich mit Bach-Blüten nicht korrigieren.

Wer seinem Tier mit Bach-Blüten helfen möchte, sollte immer abklären, ob das Verhalten organische Ursachen hat. Die Bach-Blütentherapie will und kann eine notwendige ärztliche oder tierärztliche Behandlung nicht ersetzen. Verabreichen Sie die Bach-Blüten nur dann, wenn das Tier tatsächlich erkennbar negative Verhaltens- und Gemütssymptome zeigt (z.B. ängstlich, nervös, zurückhaltend oder wild, ungestüm, aggressiv).
Tierbehandler und Tierhalter berichten über gute Erfolge mit Bach-Blüten vor allem bei akuten »psychischen« Störungen (z.B. Ängste, Aggressivität), Verhaltensstörungen (z.B. Unsauberkeit, Eingliederungsprobleme), bei Notfällen aller Art und als »seelische« Unterstützung in schwierigen Situationen (z.B. Arztbesuch, Geburt).

Vorher Abklärung beim Tierarzt!

Wenn die Bach-Blütentherapie bei Tieren zur Mitbehandlung chronischer, organischer Erkrankungen (z.B. chronischer Durchfall, Ekzeme oder Haarausfall) eingesetzt wird, sind die Erfolgsaussichten unterschiedlich.

Mit der Bach-Blütentherapie können keine Schäden behoben werden, die durch eine nicht artgerechte Haltung entstanden sind.

Wie erkenne ich die richtigen Bach-Blüten für mein Tier?

Wie beim Menschen, geht man auch bei Tieren vom akuten negativen Gemütszustand aus.

Natürlich kann man seine Katze nicht fragen, wie sie sich gerade fühlt. Tiere zeigen aber neben ihren Art- und Rassemerkmalen meist einen recht individuellen Charakter, den man nur genau beobachten muss. Die meisten Tierhalter kennen ihn auch sehr genau. Abweichungen vom Normalverhalten werden dann schnell erkannt und offensichtlich: Reagiert das Tier ängstlich oder eher wild und ungestüm? Zieht es sich zurück? Ist es nervös, zurückhaltend oder aggressiv, usw.?

Meist wird man sich für eine Kombination mehrerer Blüten entscheiden, da die Symptome auf verschiedene Bach-Blüten hinweisen. Erfahrungsgemäß reichen 2 bis 4 in der Regel aus.

Dosierung und Verabreichung von Bach-Blüten bei Tieren

Die Bach-Blütenkonzentrate werden für Tiere – wie bei der Zubereitung für Menschen – auf Einnahmestärke verdünnt.

Es gibt keine Standarddosierung, die Häufigkeit der Gaben wird individuell dem einzelnen Tier angepasst. Aus der Praxis haben sich jedoch folgende Erfahrungswerte als Orientierungshilfe ergeben:

- Ausgewachsene Kleintiere erhalten viermal täglich vier Tropfen aus der Einnahmeflasche. Bei neugeborenen Kleintieren beträgt eine Dosis jeweils ein bis zwei Tropfen, bei jungen Tieren in den ersten Lebenswochen zwei bis drei Tropfen. *Kleintiere*

- Ausgewachsenen Großtieren gibt man täglich viermal zehn Tropfen aus der Einnahmeflasche. Neugeborene Großtiere erhalten pro Dosis vier bis fünf Tropfen, junge Großtiere in den ersten Lebenswochen jeweils fünf bis sechs Tropfen. *Großtiere*

Die Tropfen aus der Einnahmeflasche kann man dem Tier mit Hilfe einer Pipette direkt auf die Zunge geben. Man kann sie ihm auch auf die Nase oder die Pfoten träufeln, wo es sie selbst ablecken wird. Oder Sie mischen die Tropfen einfach ins Futter oder Trinkwasser.

Fragen und Antworten zur Original Bach-Blütentherapie

Alkoholgehalt

Kann der Alkoholgehalt in den Konzentraten für Babys schädlich sein?
Nein, eine Einnahmemischung (ein Tropfen Konzentrat auf zehn Milliliter Wasser) enthält weit weniger Alkohol als z.B. herkömmliche homöopathische Tropfen und kann bedenkenlos gegeben werden.

Allergiker

Kann ein Allergiker Bach-Blüten nehmen?
Die Einnahme der Bach-Blüten ist für Allergiker völlig problemlos. Die Konzentrate erhalten ja keinerlei materielle Bestandteile von Pflanzen, also keine Allergene, sondern nur die energetische Information der jeweiligen Blüte. Die Mitbehandlung von Allergien durch Bach-Blüten hat sich sogar sehr bewährt.

Aufhören

Woher weiß ich, wann ich mit der Einnahme der Bach-Blüten aufhören kann?
Sie werden es spüren, wenn sich Ihr psychisches Befinden harmonisiert und stabilisiert hat. Meist empfindet man dann kein Bedürfnis mehr, die Einnahme fortzusetzen, oder »vergisst« die Tropfen ganz einfach. Bei gut gewählten Mischungen geschieht das meistens nach knapp drei Wochen. Aber das ist keine feste Regel. Solange man das Bedürfnis hat, seine Mischung weiterzunehmen, sollte man es tun.

Lassen sich mit Bach-Blüten körperliche Symptome oder Krankheiten behandeln?

Grundsätzlich ist die Mitbehandlung jeder körperlichen Krankheit durch die Bach-Blütentherapie möglich und empfehlenswert. In jedem Fall lassen sich die durch die Krankheit hervorgerufenen negativen Seelenzustände positiv beeinflussen und/oder Stockungen im noch möglichen Heilverlauf verhindern.

Allerdings wurde in Bezug auf die Bach-Blütentherapie auch die Erfahrung gemacht, dass sich über die von Bach in seinen Schriften gemachten Angaben hinaus keine allgemein verbindlichen Zusammenhänge zwischen bestimmten körperlichen Symptomen und speziellen Blütenkonzepten herstellen lassen: Nicht jeder Herzkranke braucht als wichtigstes Mittel Holly, nicht jeder Nierenkranke braucht zuerst Mimulus.

Für die Ermittlung der jeweils richtigen Bach-Blütenmischung zur Begleitung einer körperlichen Krankheit ist auch hier wieder die Frage zu stellen: Wie reagiere ich persönlich jetzt auf meine Krankheit? Verursachen mir z.B. meine Herzbeschwerden Schuldgefühle (Pine), habe ich Angst, es könnte chronisch werden (Mimulus)? Werde ich an meine herzkranke Mutter erinnert (Honeysuckle)?

Oft lassen sich die tiefer liegenden Zusammenhänge nur mit Hilfe erfahrener Therapeuten herausfinden.

Behandlung körperlicher Symptome oder Krankheiten

Tipps für die Bach-Blüten-Begleitung bei akuten und chronischen Krankheiten

> **Bei akuten Krankheiten**
>
> Im Vorstadium von akuten Krankheiten, etwa wenn eine Grippe im Anzug ist, hilft Rescue, abends in einem heißen Getränk eingenommen, sich über Nacht so zu stabilisieren, dass das Immunsystem mit dem Erreger fertig wird.
> Während akuter Krankheiten lohnt es sich oft nicht, ein Mischungsfläschchen herzustellen. Vielmehr besteht, wenn man zu Hause ist, die ideale Gelegenheit, aufkommende Gemütszustände mit wechselnden Blüten nach der Wasserglasmethode zu begleiten.

> Bei chronischen Krankheiten
>
> Bei der Mitbehandlung chronischer Krankheiten können die Bach-Blüten, mit der nötigen Geduld eingesetzt, wahre Wunder vollbringen, womit jedoch nicht gesagt ist, dass in jedem Fall alle körperlichen Symptome verschwinden.
> Die Bach-Blütentherapie hat ihr Ziel erreicht, wenn Sätze fallen wie: »Ich bin ein anderer Mensch geworden«, »Ich stehe viel fester im Leben«, »Ich kann mit meiner chronischen Krankheitsbelastung anders umgehen« oder »Ich habe den Sinn meiner Krankheit erkannt«.
> Körperliche Symptome lassen sich nun unter Umständen mit anderen Therapieformen besser lindern oder ausheilen.

An dieser Stelle nochmals der Hinweis: Die Bach Blütentherapie kann und will eine notwendige medizinische Behandlung nicht ersetzen.

Ist die Einnahme einer einzelnen Blüte wirkungsvoller als die einer Mischung?

Einnahme einzelner Blüten

Nein. Seelische Krisensituationen entstehen durch eine individuelle Konstellation von negativen Reaktionsmustern. Je vollständiger das betreffende energetische Bild erfasst wird, desto präziser ist die harmonisierende Wirkung der Blütenmischung.

Wie lange dauert es, bis sich die erste Wirkung einer gut gewählten Mischung zeigt?

Erste Wirkung

In akuten Situationen, z.B. bei Ärger mit Kollegen, muss in den ersten zwei bis drei Tagen eine deutliche Harmonisierungstendenz oder eine Erstreaktion erkennbar sein. Tritt keines von beidem ein, sollte die Blütenkombination neu überdacht werden. Behandelt man chronische negative Reaktionsmuster, z.B. Minderwertigkeitskomplexe von Jugend auf, so können zwei bis drei Wochen vergehen, bis die ersten Veränderungstendenzen bewusst werden.

Wie lange dauert eine Bach-Blütentherapie insgesamt?

Die Harmonisierung von akuten Situationen, z.B. Spannungen im Kollegenkreis: ein bis drei Mischungen oder drei bis neun Wochen. Zur positiven Veränderung chronischer Reaktionsmuster sind erfahrungsgemäß mindestens zehn bis zwölf Mischungen bzw. zwölf bis 15 Monate anzusetzen.

Dies sind Durchschnittswerte, die individuell unterschritten oder überschritten werden können. Je länger eine seelische Fehlhaltung schon besteht, umso länger dauert es naturgemäß, sie aufzulösen und durch neue positive Gefühlsentscheidungen zu ersetzen. Die Behandlung ist abgeschlossen, wenn man innerlich das deutliche Gefühl hat, die Blüten nicht mehr zu benötigen.

Gesamtdauer einer Bach-Blütentherapie

Kann Gewöhnung/Abhängigkeit eintreten?

Gewöhnung kann nicht eintreten, da die Bach-Blütenkonzentrate nicht substituieren, sondern reharmonisieren. Ist das seelische Gleichgewicht wieder hergestellt, so hat eine Mischung keine weitere Wirkung. Man verliert erfahrungsgemäß das Interesse an der Einnahme, vergisst oder verlegt das Fläschchen. Auch eine seelische Abhängigkeit kann nicht eintreten, da jede Einnahme einer gut zusammengestellten Mischung eine stärkere Verbindung mit der eigenen inneren Führung bewirkt. Dies bringt schrittweise mehr innere Freiheit, Unabhängigkeit, Eigenständigkeit mit sich. Die Blüten werden aber im Gegenteil erfolgreich eingesetzt, um sich aus einer seelischen Abhängigkeit zu lösen.

Gewöhnung

Sollte man die Bach-Blüten heimlich verabreichen, wenn man weiß, dass der andere sie sonst nicht nehmen würde?

Nein. Die Bach-Blütenmischung unerkannt ins Mineralwasser des Partners zu träufeln, weil man glaubt, er müsse seinen Charakter ändern, widerspricht dem Heile-dich-selbst-Prinzip der Selbstverantwortung in der Bach-Blütentherapie.

Heimliche Verabreichung

Ausnahmen sind bei kleinen Kindern zu machen, solange sie keine Selbstverantwortung übernehmen können, und bei Erwachsenen in Notsituationen: Hier sollte vor allem Rescue als erste Hilfemaßnahme verabreicht werden.

Beeinträchtigen Kaffee, Alkohol und Nikotin die Wirkung der Bach-Blüten?

Kaffee, Alkohol, Nikotin

Die Wirkung der Bach-Blüten wird durch Genussmittel grundsätzlich nicht negativ beeinflusst. Erfahrungsgemäß normalisiert die Bach-Blüteneinnahme jedoch das Verhältnis zum Genussmittelverbrauch: Übertreibungen gehen zurück.

Gibt es auch Menschen, die auf die Bach-Blüten keine Reaktion zeigen?

Keine Reaktion

Theoretisch nein, praktisch ja. Denn »jedes Ereignis hat seine Stunde«. Es kommt auch hier auf den richtigen Zeitpunkt an. In gewissen Stadien seiner Entwicklung fühlt man sich erfahrungsgemäß intuitiv zu verschiedenen Therapieformen hingezogen, von denen man dann auch profitiert. Auch für die Bach-Blütentherapie gibt es bei jedem Menschen erfahrungsgemäß einen idealen Zeitpunkt, in dem die Saat auf goldenen Boden fällt. Diese Chance sollte man auch anderen Menschen nicht nehmen, indem man sie vorzeitig zur Bach-Blütentherapie überredet.

Lassen sich Bach-Blüten mit anderen Medikamenten kombinieren?

Kombination mit anderen Medikamenten

Aufgrund der besonderen, nicht materiellen Wirkungsebene der Bach-Blütenkonzentrate und der in über 60 Jahren bekannt gewordenen Erfahrungen wird grundsätzlich weder die Wirkung der Original-Bach-Blütenkonzentrate durch gleichzeitige Einnahme anderer Medikamente beeinflusst, noch beeinflussen die Blütenkonzentrate die Wirkungsweise zusätzlich gegebener Medikamente negativ. Das gilt sowohl für naturheilkundliche als auch allopathische Arzneimittel und Psychopharmaka, besonders Neuroleptika. Es ist in jedem Falle sinnvoll, die Einnahme allopathischer oder naturheilkundlicher Medikamente von der Seelenebene her mit Bach-Blüten zu unterstützen. Es empfiehlt sich, homöopathische Hochpotenzen wegen besserer Beobachtung des Therapieverlaufs vorzugsweise nicht gleichzeitig, sondern mit ca. 14 Tagen Abstand einzunehmen.

Gibt es bei Bach-Blüten einen Placeboeffekt?

Die positiven Wirkungen der Bach-Blüten, gerade bei Säuglingen und Kleinkindern, Tieren und Pflanzen, beweisen das Gegenteil, denn diese entwickeln ja keine bewusste Einstellung, Vorliebe oder Erwartung bei der Einnahme. Natürlich wirkt sich eine offene oder positive Einstellung gegenüber der Bach-Blütentherapie förderlich auf deren Verlauf aus, ist aber nicht zwingend notwendig. Andererseits wird eine noch so optimistische Haltung auf die Dauer nicht das Geringste bewirken können, wenn die akuten negativen Reaktionsmuster nicht richtig erkannt und die Blüten falsch gewählt werden.

Placeboeffekt

Gibt es richtige und falsche Mischungen?

Prinzipiell gibt es in der Bach-Blütentherapie keine richtigen oder falschen Mischungen, sondern nur mehr oder weniger treffsichere Verordnungen. Seelische Konflikte lassen eine Annäherung aus verschiedenen Blickwinkeln zu. Die Erfahrung zeigt, dass verschiedene Therapeuten beim gleichen Patienten in derselben Situation zwar mit ähnlichen, jedoch nicht unbedingt mit gleichen Mischungen erfolgreich sein können. Entscheidend für die Intensität der Wirkung einer Mischung ist vor allem auch die Motivation des Therapeuten und das Niveau der im gemeinsamen Gespräch erreichten Bewusstseinsebene.

Richtige Mischungen

Gibt es für bestimmte Probleme Standardmischungen, die bei allen Menschen wirken?

Obwohl zu diesem Thema viel geschrieben wird, bleibt festzuhalten, dass es zurzeit außer Rescue keine Mischungsrezepte gibt – und nach den Bach'schen Prinzipien auch nicht geben kann –,

Standardmischungen

die bei allen Menschen vergleichbar gute Ergebnisse zeitigen. Denn es gibt keine zwei gleichen Menschen, und es entstehen im Lauf der Zeit individuell immer wieder neue, wenn auch ähnliche seelische Krisensituationen. Vergleichbar mit homöopathischen Komplexmischungen, wie z.B. Grippetropfen, sind solche Bach-Blütenrezepte mehr oder weniger oder gar nicht wirksam. Die Bach-Blütentherapie ist einfacher und überschaubarer als die weit umfangreichere und komplexere Homöopathie – das ermöglicht jedem, der sich ernsthaft mit ihr beschäftigt, in kürzerer Zeit zu wirksamen Mischungen zu kommen.

Was sind Typmittel oder Basisblüten?

Typmittel

Bach hatte seiner ersten Blütenserie, den zwölf Heilern, zunächst zwölf Persönlichkeitstypen zugeordnet und nannte diese Blüten Typmittel. Das hat später vielfach zu Missverständnissen geführt: Mancher sah darin eine Klassifizierung oder Festlegung, mit der er sich keinesfalls identifizieren wollte.

Jahrzehntelange Praxis mit den Bach-Blütenkonzepten hat inzwischen Folgendes gezeigt: Jeder Mensch hat zwischen sechs und 15 individuelle, für ihn typische negative Reaktionsmuster, die ihm in gewissen Abständen immer wieder Schwierigkeiten machen; unter diesen Reaktionsmustern können alle 38 Bach-Blütenkonzepte vertreten sein. Ich nenne diese Blüten individuelle Basisblüten: Wer über längere Zeit mit Bach-Blüten arbeitet, wird seinen Basisblüten von selbst begegnen. Für die therapeutische Wirkung einer Mischung ist es unerheblich, ob die eingenommene Blüte eine eigene Basisblüte ist. Sie wird einfach häufiger gebraucht, und man wird sich zwangsläufig mit diesem Konzept häufiger auseinander setzen.

Wird die Qualität der Blütenessenzen durch die Umweltverschmutzung beeinträchtigt?

Umweltverschmutzung

Nach bisheriger Erfahrung nicht. Für die Herstellung der Blütenessenzen wird nicht der »materielle Körper« der Pflanze, sondern die »energetische Information« der Blüten verwendet. Dieses Wesentliche, der Grundcharakter der Pflanze, wird durch materielle äußere Umstände – wie etwa sauren Regen – offensichtlich nicht beeinträchtigt.

Gibt es Bach-Blüten, die sich nicht miteinander vertragen?

Nein. Alle 38 Bach-Blüten lassen sich beliebig miteinander kombinieren. Anders als z.B. die Mittel der Homöopathie bilden die Bach-Blüten insgesamt eine harmonische Gruppe oder Familie. Bach nannte sie deshalb *the happy fellows of the plant world*. Selbst Blüten, die scheinbar gegensätzliche Gemütszustände harmonisieren, können und müssen gemeinsam verwendet werden, wenn beide Zustände gleichzeitig erkennbar sind. Gerade die Koexistenz dieser gegensätzlichen Züge ist sehr häufig das Problem, weil der eine Zug durch den anderen kompensiert werden soll.
Beispiel: Ein Mensch, der zu Hause nachgiebig ist (Centaury), tritt in seiner Arbeitsstelle herrisch und fordernd auf (Vine). Werden beide Züge durch Bach-Blüteneinnahme harmonisiert, kann dieser Mensch zu Hause jetzt besser sagen, was er möchte (Centaury), ohne als Vorgesetzter seinen Willen unbedingt durchsetzen zu müssen (Vine).

Verträglichkeit der Bach-Blüten untereinander

Ist die vorbeugende Einnahme bestimmter Blüten möglich, z.B. von Larch, um Minderwertigkeitsgefühle zu vermeiden?

Grundsätzlich nicht. Die Bach-Blüten können nur wieder etwas ins Gleichgewicht bringen, was aus dem Gleichgewicht, in Disharmonie gefallen ist. Ist das Gleichgewicht, z.B. das Selbstwertgefühl, noch vorhanden, kann keine Wirkung zustande kommen.

Vorbeugende Einnahme

Wie viele Blüten soll man kombinieren?

Das ist je nach Situation verschieden: Empfohlen werden standardmäßig sechs Blüten. Bei Erstmischungen fällt es jedoch oft schwer, sich auf sechs zu beschränken. Hier kann es sinnvoll sein, bis zu zehn Blüten zu verwenden. Gerade wenn man sich zwischen zwei Blüten nicht entscheiden kann, ist zu empfehlen,

Wie viele Blüten

beide Blüten in die Mischung aufzunehmen: Erfahrungsgemäß ist oft die Blüte, die man für nicht so wichtig hält, die entscheidende. Eine umfangreiche erste Mischung schafft so etwas wie eine Beruhigung oder Grundklärung des seelischen Terrains. Die Reaktionsmuster zeigen sich dann wesentlich klarer. Man kommt dann meistens mit drei bis fünf Blüten aus. Auch wenn »falsch gewählte« Blüten keine Wirkung zeigen, ist doch anzustreben, die Blütenauswahl zu beschränken und sich mit den Konzepten dieser wenigen Blüten innerlich wirklich zu beschäftigen.

Anhang

Zur Autorin

Mechthild Scheffer, die international bekannte Wegbereiterin der Original Bach-Blütentherapie und Gründerin der Institute für Bach-Blütentherapie, Forschung und Lehre in Hamburg, Wien und Zürich, führte das Werk von Dr. Edward Bach 1981 im deutschen Sprachraum ein und baut es seither systematisch weiter aus.
Jahrzehntelang fungierte sie als die Repräsentantin des Dr. Edward Bach Centre, England in Deutschland, Österreich und der Schweiz.

Ihre deutschsprachigen Grundlagenwerke sowie die Ergebnisse ihrer 30-jährigen Forschungstätigkeit sind in viele Sprachen übersetzt.

Schwerpunkt ihrer heutigen Tätigkeit auch als Mitglied des **Bach Foun dation Network, Dr. Edward Bach Centre, England** ist die Lehre und Verbreitung der authentischen Form der Bach-Blütentherapie.

Darüber hinaus gilt Mechthild Scheffers Einsatz vor allem der zeitgemäßen Entfaltung der Bach'schen Erkenntnisse und ihrer Integration in zukunftsorientierte Initiativen der Gesundheitsvorsorge.

Weitere Veröffentlichungen:

DAS STANDARDWERK:
Die Original Bach-Blütentherapie. Das gesamte theoretische und praktische Bach-Blüten-Wissen.
Irisiana, München 2000: ISBN 3-89631-305-3

ERGÄNZUNG FÜR DIE PRAKTISCHE ARBEIT:
Praxis der Original Bach-Blütentherapie.
Irisiana, München 2001: ISBN 3-7205-2118-4

VERTIEFUNG:
Die Original Bach-Blütentherapie zur Selbstdiagnose. Blockierte Seelenzustände erkennen und verändern. Irisiana, München 2002: ISBN 3-7205-2372-1

KARTENSET:
Der Original Bach-Blüten Check-up. Das Kartenset zur einfachen Anwendung der Bach-Blütentherapie. Irisiana, München 2003: ISBN 3-7205-2401-9

BLÜTENKARTEN:
Bach-Blütenbilder. 38 Bildkarten mit Leaflet.
Irisiana, München 2001: ISBN 3-88034-972-X

ZUM SCHNUPPERN:
Selbsthilfe durch Bach-Blütentherapie.
Heyne, München 2001: ISBN 3-453-16884-4

POSTER:
Das Bach-Blüten-System auf einen Blick

BROSCHÜRE:
Der Weg zur seelischen Harmonie

FRAGEBOGEN:
Der große Fragebogen zur Original Bach-Blütentherapie

Adressen

Das Institut für Bach-Blütentherapie, Forschung und Lehre, Mechthild Scheffer

- Pflege und Förderung der sachgerechten Verbreitung des authentischen Werkes von Dr. Edward Bach
- Beratung in allen praktischen und theoretischen Fragen der Original Bach-Blütentherapie
- Informationsvorträge und Ausbildungsseminare für Selbstanwender, Fachbehandler und Therapeuten
- Nennung von Fachbehandlern und Therapeuten
- Vertrieb von zusätzlichen Arbeitsunterlagen wie Fragebögen, Postern, Kassetten u. Ä. sowie der Standardwerke zur Original Bach-Blütentherapie

Postfach 20 25 51
D-20218 **Hamburg**
Telefon +49 40 43257710
Telefax +49 40 435253
E-Mail: info@bach-bluetentherapie.de

Mainaustr. 15
CH-8034 **Zürich**
Telefon +41 13823314
Telefax +41 13823319
E-Mail:bach-bluetentherapie@swissonline.ch

Börsegasse 10
A-1010 **Wien**
Telefon +43 1 53386400
Telefax +43 1 533864015
E-Mail: bach-bluetentherapie@aon.at

Österreichisch-Deutsche Ärztegesellschaft
Dr. med E. Bach
Börsegasse 10
A-1010 Wien
Telefon +43 1 53386400
Telefax +43 1 533864015
E-Mail: bach-bluetentherapie@aon.at

Website: www.bach-bluetentherapie.com

Bezugshinweise

Deutschland

In Deutschland werden die Original Bach-Blütenkonzentrate aus England zurzeit als Arzneimittel eingestuft. Das hat zur Folge, dass sie nur in Apotheken erhältlich sind und dort bestellt werden müssen.
Die gewerbsmäßige Therapie mit den Bach-Blüten unterliegt daher dem Heilpraktikergesetz und ist Ärzten und Heilpraktikern vorbehalten.

Schweiz

In der Schweiz sind die Original Bach-Blüten nicht als Heilmittel eingestuft und in Apotheken und Drogerien frei erhältlich.

Österreich

In Österreich sind die Original Bach-Blütenkonzentrate in jeder Apotheke frei erhältlich.

Das Standardwerk

Mechthild Scheffer
Die Original Bach-Blütentherapie

Das gesamte theoretische und praktische Bach-Blütenwissen
*384 Seiten, Festeinband, mit vierfarbigen Abb.,
ISBN 3-89631-305-3*

Das Standardwerk mit der ausführlichsten Blütenbeschreibung behandelt umfassend das gesamte geistig spirituelle und psychologisch-praktische Werk von Dr. Edward Bach, dem Entdecker der »Seelentherapie mit Blütenenergie«. Es richtet sich an Anwender, Lehrende und Behandler gleichermaßen.

Ein umfangreicher Praxisteil enthält
- ◆ Angaben zum genauen Ablauf eines Bach-Blütengesprächs
- ◆ 127 Entscheidungshilfen zwischen zwei Blüten
- ◆ 450 Rezeptbausteine zur Herstellung individueller Bach-Blütenmischungen
- ◆ einen Doppelfragebogen mit Checkliste zur Endauswahl der Blüten
- ◆ Farbfotos und Energiebilder aller 38 Blüten.